BIBELKUNDE IM ÜBERBLICK

Reihe: Bibelwissen

Bibelkunde im Überblick

Gliederungen – Inhaltsangaben –
Einleitungsfragen – Merkstoff

Mit Tabelle der abweichenden Zählung
in den Apokryphen

Bearbeitet von Hellmut Haug

DEUTSCHE BIBELGESELLSCHAFT

Titelbild: Mosaik aus der Kirche der Brotvermehrung in Tabgha bei Kafarnaum. Das Mosaik stammt aus dem 3. Jahrhundert und erinnert an das Wunder der Speisung von fünftausend Menschen mit fünf Broten und zwei Fischen. (Foto: Ulrich Schmid)

Der Bearbeiter dankt Markus Schwab-Godel für entscheidende Anstöße zur Weiterentwicklung der Konzeption und kritische Begleitung.
Die Grundlagen für die Tabelle im Anhang wurden von Jörg Armbruster erarbeitet.

Die Deutsche Bibliothek – CIP Einheitsaufnahme

Haug, Hellmut:
Bibelkunde im Überblick : Gliederungen – Inhaltsangaben – Einleitungsfragen – Merkstoff ; mit Tabelle der abweichenden Zählung in den Apokryphen / bearb. von Hellmut Haug. – Stuttgart : Dt. Bibelges., 1997
(Reihe: Bibelwissen)

ISBN 3-438-06205-4

Umschlag: Werbeagentur dell'arte, Tiefenbronn
Satz: Fotosatz Maier, Aichtal
Druck und Einband: Ebner Ulm

VORBEMERKUNG

Diese kleine Bibelkunde ist ein Angebot zur raschen Orientierung für Bibellesende und Studierende. Sie enthält

- *Inhaltsübersichten* »auf einen Blick« für alle biblischen Bücher
- *Inhaltsangaben* »von Kapitel zu Kapitel«, knapp und detailliert
- *Kurzinformationen* über Entstehung und Theologie der einzelnen Bücher (sog. Einleitungsfragen)
- *Merkstoff* aus der Bibelkunde zum Einprägen

Für Bibellesende empfiehlt sich der Band unter anderem als

- Wegweiser für die Lektüre der Bibel oder einzelner Bücher
- Kompakte Information über den Inhalt der Bibel und ihrer Teile
- Nachschlagewerk zum Aufsuchen bestimmter Stoffe und Themen

Für Studierende eignet er sich darüber hinaus als

- kurzes Repetitorium bibelkundlicher Stoffe und Fragen (ausführliche Informationen über Einleitungsfragen bietet der Band »Die Schriften der Bibel« in derselben Buchreihe)

Bei der Orientierung in den sog. Apokryphen (Deuterokanonische Schriften des griechischen Kanons/Spätschriften des Alten Testaments) hilft die tabellarische Zusammenstellung der abweichenden Kapitel- und Verszählung am Schluß des Bandes. Hier werden alle Differenzen zwischen der Lutherbibel und den übrigen Übersetzungen einschließlich des griechischen Grundtextes (Septuaginta) aufgelistet. Der Vergleich der verschiedenen Übersetzungen und das Auffinden von Zitaten wird durch diese Übersicht beträchtlich erleichtert.

Die Schreibung der biblischen Personen- und Ortsnamen folgt den »Loccumer Richtlinien für die einheitliche Schreibung biblischer Eigennamen«. Die wenigen Abweichungen der Lutherbibel werden als Alternativschreibungen angeführt, allerdings nicht, wenn es sich nur um orthographische Varianten (ph/f oder th/t) handelt.

Ziffern in Klammern beziehen sich auf die Verse des jeweiligen Kapitels, bei der Rubrik »Merkstoff« auf Kapitel.

INHALTSVERZEICHNIS

Altes Testament

Apokryphen
(Deuterokanonische Schriften/Spätschriften des Alten Testaments)

Neues Testament

Anhang

ALTES TESTAMENT

DER PENTATEUCH – DIE FÜNF BÜCHER MOSE

Die fünf Mosebücher (Pentateuch = Fünfrollenbuch oder Tora = Weisung/Gesetz) bilden ein zusammenhängendes Werk, das aus Umfangsgründen auf fünf Schriftrollen aufgeteilt wurde. Es verbindet die Ursprungsgeschichte Israels mit den grundlegenden Gesetzesbestimmungen für Volksleben und Gottesdienst. Der erzählende Rahmen reicht von der Weltschöpfung über die Volkwerdung bis zum Beginn der Inbesitznahme des Landes Kanaan (Landnahme).

Der Pentateuch ist ein Sammelwerk, das Überlieferungen unterschiedlicher Herkunft und Entstehungszeit vereinigt. Mehrfachüberlieferungen weisen darauf hin, daß es aus verschiedenen, mehr oder weniger selbständigen Quellenschriften oder auch Bearbeitungsschichten zusammengewachsen ist. Die »neuere Urkundenhypothese« (Urkunde = Quelle) des 19. Jahrhunderts unterschied drei große Quellen: J, E und P (*Jahwist* und *Elohist* nach dem Gebrauch der Gottesnamen sowie die *Priesterschrift* nach dem vorwiegend priesterlichen Interesse). Die dahinterstehenden Beobachtungen behalten ihre Gültigkeit, auch wenn der Entstehungsprozeß inzwischen differenzierter gesehen wird und die zeitlichen Ansetzungen umstritten sind. (Zum Grundlegenden s. den Band »Schriften der Bibel« S. 47–55 oder »Stuttgarter Erklärungsbibel« S. 3–5.)

Zum Sonderfall des 5. Mosebuchs (Deuteronomium) s. u. S. 34. Neben dem deuteronomischen Gesetz (Dtn 12–26) enthält der Pentateuch zwei weitere geschlossene Gesetzessammlungen, das »Bundesbuch« (Ex 21–23) und das »Heiligkeitsgesetz« (Lev 17–26).

Während die älteste Quellenschicht (J) in ihren Anfängen vermutlich bis in die frühe Königszeit (9. Jh. v. Chr.) zurückreicht, fand das Gesamtwerk seinen Abschluß erst in nachexilischer Zeit (5. Jh.). Zur Verzahnung mit dem »Deuteronomistischen Geschichtswerk« s. u. S. 34.

A.	Die Vorgeschichte	
	Schöpfung und Urgeschichte	Gen 1–11
	Israels Volkwerdung (»Vätergeschichte«)	12–50
B.	Von Ägypten bis zum Sinai	
	Israels Unterdrückung in Ägypten	1–11
	Israels Herausführung aus Ägypten	12–15
	Israel in der Wüste I	15–18
C.	Bundesschluß am Sinai und Bundesgesetz	
	Gesetzgebung und Bundesschlu	19–24
	Stiftshütte und Kultgesetze	25–31; 35–40
	Bundesbruch und Bundeserneuerung	32–34
	Opfergesetze, Reinheitsgesetze usw.	Lev 1–27
	Nachträge zu den Gesetzen	Num 1–10
D.	Vom Sinai zum Jordan	
	Israel in der Wüste II	10–21
	Landnahme im Ostjordanland	21–32
	Nachträge	33–36
	Moses Abschiedsrede und Gesetzesverkündung	Dtn 1–30
	Moses letzte Worte und Tod	31–34

DAS 1. BUCH MOSE/GENESIS (1Mose; Gen)

A.	Schöpfung und Urgeschichte	1–11
1–3	Schöpfung, Paradies, Sündenfall	
4–5	Von Kain über Lamech zu Noach	
6–9	Sintflut und Gottesbund	
10–11	Völkertafel. Turmbau. Stammbaum Abrahams	
B.	»Vätergeschichte« I: Abraham/Sara, Isaak/Rebekka	12–25
12–14	Abraham mit Sara und Lot in Kanaan	
15–18	Sohnesverheißungen an Abraham. Hagar und Ismael	
19	Untergang von Sodom und Gomorra	
20–21	Geburt Isaaks und Verstoßung Ismaels	
22	Isaaks »Opferung«	
23–25	Saras Tod. Werbung um Rebekka	
C.	»Vätergeschichte« II: Esau und Jakob: Der Streit um das Erstgeburtsrecht	25–36
25–28	Jakob sichert sich Erstgeburtsrecht und Segen	
29–31	Jakob im Dienst Labans	
32–36	Begegnung und Versöhnung der Brüder	
D.	»Vätergeschichte« III: Josef und seine Brüder	37–50
37	Josefs Träume. Sein Verkauf nach Ägypten	
38	Juda und Tamar	
39–41	Josefs Aufstieg in Ägypten	
42–45	Reisen der Brüder nach Ägypten	
46–50	Jakob in Ägypten	

A. Schöpfung und Urgeschichte (1–11)

1 *1. Schöpfungsbericht:* Die Erschaffung der Welt und des Menschen (1); der Schöpfungssabbat (2,1)

2 *2. Schöpfungsbericht:* Erschaffung des Menschen und Paradies (4b); Erschaffung der Frau (18)

3 Adam und Eva im Paradies. Der Sündenfall (1). Fluchsprüche und Austreibung aus dem Paradies (8)

4 Kains Brudermord an Abel (1)
Kains Nachkommen. Lamechlied (17)
Geburt von Set und Enosch (25)

5 Geschlechterfolge von Adam über Set bis Noach (1)

6 Gottessöhne und Menschentöchter (1)

Sintflut und Noachbund (6,5–9,17):
Verdorbenheit der Menschen; Gottes Vernichtungsbeschluß (5);
Befehl an Noach zum Bau der Arche (9)
7 Noach mit den Seinen und den Tieren in der Arche (1); die Sintflut (11)
8 Ende der Sintflut. Die Friedenstaube (1)
Noachs Opfer und Gottes Verheißung (13)
9 Gottes Bund mit Noach. Der Regenbogen (1)
Noach als Weinbauer und seine Trunkenheit (18)
10 Nachkommen von Sem, Ham und Jafet: Völkertafel (1)
11 Turmbau zu Babel (1)
Geschlechterfolge von Sem bis Abraham (10)

B. »Vätergeschichte« I: Abraham und Sara, Isaak und Rebekka (12,1–25,18)

12 Berufung aus Auszug Abrahams. Ankunft in Kanaan (1)
Gefahr für Sara in Ägypten [«Gefährdung der Ahnfrau«] (10)
13 Trennung zwischen Abraham und Lot (1)
14 Abraham rettet Lot aus der Gefangenschaft (1)
Melchisedek, der Priesterkönig von Salem (17)
Abraham verzichtet auf die Beute (21)
15 Sohnesverheißung an Abraham. Sein Glaube wird ihm als Gerechtigkeit angerechnet (1)
Landverheißung und Bund Gottes mit Abraham (17)
16 Saras Kinderlosigkeit. Hagar als Leihmutter (1)
Flucht Hagars. Der Engel bei Beer-Lahai-Roi. Geburt Ismaels (5)
17 Ewiger Bund Gottes mit Abraham; Bundeszeichen der Beschneidung (1). Sohnesverheißung für Sara; Abraham lacht (9)
Segenszusage für Ismael. Ausführung der Beschneidung (20)
18 Besuch und Bewirtung der drei Engel/Gottes bei Abraham (1);
Ankündigung der Sohnesgeburt. Sara lacht (9)
Abrahams Fürsprache für Sodom (16)
19 Untergang Sodoms und Rettung Lots (1). Lot und seine Töchter (30)
20 Gefahr für Sara in Gerar [»Gefährdung der Ahnfrau«] (1)
21 Geburt Isaaks. Jetzt kann Sara lachen (1)
Verstoßung und Rettung Ismaels und Hagars (9)
Vertrag mit Abimelech in Beerscheba (22)
22 Gott stellt Abraham auf die Probe: Die verlangte Opferung Isaaks (1)
Nachkommen Nahors (20)
23 Saras Tod. Abraham erwirbt die Höhle bei Machpela als Familiengrabstätte (1)
24 Elieser wirbt für Isaak in Abrahams Heimat um Rebekka (1)
Rebekka kommt zu Isaak (62)
25 Abrahams weitere Nachkommen und Tod (1)
Nachkommen Ismaels (12)

C. »Vätergeschichte« II: Esau und Jakob. Der Streit um das Erstgeburtsrecht (25,19–36,43)

25 Geburt der Zwillinge Esau und Jakob. »Der Ältere wird dem Jüngeren dienen« (19)
Esau verkauft seine Erstgeburt um ein Linsengericht (27)
26 Isaak beim Philisterkönig Abimelech in Gerar (1)
Mögliche Gefahr für Rebekka [»Gefährdung der Ahnfrau«] (6)
Brunnenstreit mit den Philistern (12)
Bund mit Abimelech (23)
Esaus hetitische Frauen (34)
27 Der blinde Isaak will seinen Erstgeborenen Esau segnen (1). Rebekka stiftet Jakob an (5); er täuscht Isaak und wird gesegnet (18).
Esaus Klage und sein Ersatzsegen (30)
Rebekka rät Jakob zur Flucht (41)
28 Jakob soll eine Frau aus Mesopotamien heiraten (27,46); deshalb schickt Isaak ihn zur Brautsuche nach Mesopotamien (28,1)
Esau heiratet eine Tochter Ismaels (6)
Jakobs Traum in Bet-El/Bethel: Die »Himmelsleiter« (10); sein Gelübde (20)
29 Jakobs Begegnung mit Rahel am Brunnen (1)
Sein Dienst bei Laban und Hochzeit mit Lea und Rahel (14)
Die vier ersten Söhne Leas (31)
30 Rahels Kinderlosigkeit. Die Söhne der Leibmägde (1)
Die Liebesäpfel Rubens und zwei weitere Leasöhne (14)
Leas Tochter Dina (21)
Rahels erster Sohn Josef (22)
Jakob kommt durch Schlauheit zum verdienten Lohn (25)
31 Heimliche Flucht der Jakobsfamilie vor Laban (1)
Verfolgung durch Laban. Der entwendete Hausgott und Jakobs Abrechnung mit Laban (22)
Vertrag zwischen Laban und Jakob (43; 32,1)
32 Jakobs Vorbereitung auf die Begegnung mit Esau (2)
Nächtlicher Kampf mit Gott am Jabbok. Jakobs neuer Name Israel (23)
33 Wiedersehen mit Esau und Versöhnung der Brüder (1)
34 Vergewaltigung Dinas und Rache Simeons und Levis an den Männern von Sichem (1)
35 Jakob wieder in Bet-El/Bethel (1)
Benjamins Geburt und Rahels Tod (16)
Ruben schläft mit der Nebenfrau seines Vaters (21)
Liste der zwölf Jakobssöhne (22)
Jakobs Heimkehr und Isaaks Tod (27)
36 Die Stammesfürsten der Edomiter als Nachkommen Esaus (1)

D. »Vätergeschichte« III: Josef und seine Brüder (37–50)

37 Josefs Bevorzugung und Träume. Der Neid der Brüder (1)
Die Brüder verkaufen Josef nach Ägypten (12)
38 Judas Schwiegertochter Tamar holt sich mit einer List ihr Recht auf Kinder (1)
39 Josef im Haus Potifars. Seine Standhaftigkeit gegenüber Potifars Frau (1)
Josef im Gefängnis (20)
40 Josef deutet die Träume von zwei hochgestellten Gefangenen (1)
41 Josef deutet die Träume des Pharao (1)
Josef als Stellvertreter des Pharao. Einlagerung des überschüssigen Getreides (37)
Josefs Söhne Manasse und Efraim (50)
Beginn der Hungersnot (53)
42 Erste Reise der Brüder nach Ägypten. Sie erkennen Josef nicht. Dessen Forderung, Benjamin mitzubringen. Simeon als Geisel (1)
Heimkehr der Brüder und Sorgen (27)
43 Aufbruch zur zweiten Reise mit Benjamin (1)
Fürstlicher Empfang durch Josef. Bevorzugung Benjamins (15)
44 Josef stellt Benjamin eine Falle: Die Brüder werden auf die Probe gestellt (1)
Juda tritt für Benjamin ein (18)
45 Josef gibt sich seinen Brüdern zu erkennen (1)
Einladung nach Ägypten durch den Pharao und Heimkehr der Brüder (16)
46 Aufbruch Jakobs nach Ägypten. Ermutigung durch eine Gotteserscheinung in Beerscheba (1)
Namensliste der nach Ägypten übersiedelnden Jakobsfamilie (8)
Ankunft in Goschen und Wiedersehen Jakobs mit Josef (28)
47 Fünf Brüder (1) und Jakob (7) vor dem Pharao
Die Ägypter als Leibeigene des Pharao (13)
Jakobs letzter Wille (27)
48 Jakob segnet die Josefssöhne Efraim und Manasse: Umkehrung der Rangordnung (1)
49 Jakob schaut die Zukunft der zwölf Stämme Israels (1)
Anweisung über seine Beisetzung und Tod Jakobs (29)
50 Totenfeier für Jakob und Beisetzung in Kanaan (1)
Josef beruhigt seine geängstigten Brüder: »Ihr gedachtet es böse zu machen, aber Gott ...« (15)
Josefs Ende und Ausblick auf die Rückkehr nach Kanaan (22)

Wichtiges in Kürze

Entstehung: s. Pentateuch S. 10
Theologische Motive:
- [P] Der Gott Israels als souveräner Schöpfer einer geordneten Welt (1); Begründung des Sabbats (2,1-3)
- [P] Noachbund (9) und Abrahamsbund [Beschneidung] (17)
- [J] Ungehorsamsgeschichte der Menschheit (2–11)
- Abrahamsberufung (12) und Väterverheißungen: Land (12,7; 13,15; 15,18-21 usw.) und Nachkommenschaft (12,2; 13,16; 15,5 usw.)

Merkstoff:
- Urgeschichte: 1. Schöpfungsbericht (1); 2. Schöpfungsbericht (2); Sündenfall (3); Kain und Abel (4); Sintflut (6–8); Turmbau (11)
- Abraham: Auszug (12); Glaube (15); Beschneidung (17); Besuch Gottes in Mamre (18); Geburt (21) und Opferung (22) Isaaks
- Isaak: Werbung um Rebekka (24)
- Jakob: Erlistung der Erstgeburt (25); Segensbetrug (27); Traum von der Himmelsleiter (28); Hochzeit mit Lea und Rahel (29); Gotteskampf am Jabbok (32); Segnung der Josefssöhne Efraim und Manasse (48)
- Josef: Bunter Rock und Träume (37); Potifars Frau (39); Pharaos Traum (41); Erkennungsszene mit den Brüdern (45); Beruhigung der Brüder (50)
- Melchisedek [vgl. Hebr 7] (14,18-20)
- Sodom und Gomorra (19)
- Juda und Tamar (38)
- Jakobssegen (49)

DAS 2. BUCH MOSE/EXODUS (2 Mose; Ex)

A. Die Befreiung des Volkes Israel aus Ägypten		1–15
1–4	Unterdrückung der Israeliten und Berufung Moses	
5–11	Machtprobe mit dem Pharao (»Ägyptische Plagen«)	
12–13	Passa und Auszug	
14–15	Rettung am Schilfmeer. Das Danklied	
B. Durch die Wüste zum Berg Sinai		15–18
15–17	Versorgung mit Manna und Wasser. Midianitersieg	
18	Besuch von Moses Schwiegervater Jitro	
C. Der Bund Gottes mit seinem Volk		19–24
19	Gottesoffenbarung am Sinai	
20	Zehn Gebote (Dekalog)	
21–23	Gesetze für das Leben des Volkes (»Bundesbuch«)	
24	Bundesschluß	
D. Die Wohnung Gottes inmitten seines Volkes (Kultgesetz)		25–40
25–27	Anweisungen für Bau und Aufstellung der »Stiftshütte«	
28–31	Anweisungen für den Priesterdienst usw.	
32–34	»Goldenes Kalb« und Bundeserneuerung	
35–39	Ausführung der Anweisungen von Kap 25–31	
40	Errichtung des Heiligtums. Einzug der göttlichen Herrlichkeit	

A. Die Befreiung des Volkes Israel aus Ägypten (1,1 – 15,21)

1 Vermehrung der Israeliten. Unterdrückung durch Fronarbeit (1)
Befehl des Pharao zur Tötung der Erstgeburt. Ungehorsam der Hebammen (15)

2 Geburt, Aussetzung und Rettung Moses (1)
Mose erschlägt einen Ägypter und muß fliehen (11)
Mose in Midian beim Priester Reguel/Jitro. Heirat mit Zippora (15)
Gott denkt an den Bund mit den Vätern (23)

3 Gott erscheint Mose im brennenden Dornbusch. Auftrag, das Volk aus Ägypten zu führen (1)
Gott offenbart sich Mose mit seinem Namen (13)

4 Wunderzeichen, die Mose beglaubigen sollen. Seine Einwendungen. Aaron soll für ihn reden (1)
Rückkehr nach Ägypten. Israel als Gottes erstgeborener Sohn (1)
Der »Blutbräutigam« (24)
Begegnung Moses mit Aaron und den Ältesten Israels (27)

5 Mose und Aaron beim Pharao. Der Pharao verstärkt den Arbeitsdruck (1)
Vorwürfe der israelitischen Aufseher an Mose und Aaron. Gott kündigt sein Eingreifen an (20; 6,1)
6 Wiederholte Beauftragung Moses und Offenbarung des neuen Gottesnamens (2)
Abstammung Moses und Aarons (14)
7 Ankündigung der Verstockung des Pharao (6,28; 7,1)
Moses Stock wird zur Schlange. Pharao unbeeindruckt (8)
1. Plage: Wasser wird Blut (14)
2. Plage: Frösche (25; 8,1)
8 Moses Fürbitte wendet Froschplage, aber der Pharao bleibt verstockt (4)
3. Plage: Stechmücken (12)
4. Plage: Ungeziefer (16)
Moses Fürbitte; der Pharao bleibt verstockt (21)
9 *5. Plage:* Viehpest (1)
6. Plage: Geschwüre (8)
7. Plage: Hagel (13)
Moses Fürbitte; der Pharao bleibt verstockt (27)
10 Vergebliche Verhandlung mit dem Pharao (1)
8. Plage: Heuschrecken (12)
9. Plage: Finsternis (21)
11 Ankündigung der letzten Plage: Tötung der Erstgeburt (1)
12 Anordnungen für das Passafest (1)
Das Blut an den Türen schützt die Israeliten. Der Brauch als Erinnerungszeichen (21)
10. Plage: Tötung der Erstgeburt (29)
Auszug Israels aus Ägypten (31)
Zusätzliche Vorschriften für das Passafest (43)
13 Weihung der Erstgeburt (1)
Fest der ungesäuerten Brote. Der Brauch als Erinnerungszeichen (3)
Einzelbestimmungen über die Erstgeburt. Der Brauch als Erinnerungszeichen (11)
Der Umweg über das Schilfmeer. Von Sukkot bis Etam. Wolken- und Feuersäule (17)
14 Verfolgung durch die ägyptische Streitwagenmacht (1)
Angst der Israeliten. »Der HERR wird für euch streiten« (10)
Durchzug der Israeliten durchs Schilfmeer und Untergang der Ägypter (21)
15 Danklied Moses (1)
Tanz und Gesang Mirjams und der Frauen (20)

B. Durch die Wüste zum Berg Sinai (15,22–18,27)

15 Bitterwasser in Mara. »Ich bin der HERR, dein Arzt« (22)
In der Oase Elim (27)
16 Murren des Volkes. Speisung mit Wachteln und Manna (1)
Die Einsetzung des Sabbats (22)
Mannaprobe als Erinnerung (31)
17 Wasser aus dem Felsen in Massa und Meriba (1)
Sieg über die Amalekiter durch Moses erhobene Hände.
Ewige Feindschaft mit den Amalekitern (8)
18 Moses Schwiegervater Jitro bringt Frau und Söhne Moses.
Gemeinsames Opfermahl (1)
Jitros Rat: Schiedsleute als Helfer Moses (13)

C. Der Bund Gottes mit seinem Volk (19–24)

19 Ankunft am Berg Sinai. Israel als Gottes Eigentumsvolk (1)
Vorbereitung des Volkes auf die Begegnung mit Gott (7)
Gottes Erscheinung auf dem Berg. Mose hinaufgerufen (16)
20 Verkündung der Zehn Gebote (1)
Angst des Volkes vor der Stimme Gottes. Mose als Mittler (18)
Gesetz für den Altarbau (22)
Das »Bundesbuch« [vgl. 24,7], eine Gesetzessammlung (21–23):
21 Schutzbestimmungen für hebräische Sklaven und Sklavinnen (2)
Kapitalverbrechen. Asyl für Totschlag (12)
Fälle von Körperverletzung durch Menschen und Tiere.
Talionsgesetz: »Auge um Auge« (18)
Schaden an fremdem Vieh (33)
22 Eigentumsvergehen (21,37; 22,1)
Haftung für fremdes Eigentum (6)
Verführung einer Jungfrau (15)
Weitere Kapitalverbrechen: Zauberei usw. (17)
Schutz der Fremden, Witwen, Waisen, Armen (20)
Gegen Gotteslästerung und Verfluchung von Autoritäten.
Pflichten gegenüber Gott (27)
23 Gerechtigkeit bei Gerichtsverfahren. Hilfe für den Feind und die Fremden (1)
Sabbatjahr, Sabbat und Jahresfeste (10)
Einzelne Opfervorschriften. Erstlingsfrüchte (18)
Zusage: Der Engel Gottes führt Israel in sein Land. Vertreibung der Bewohner durch einen Gottesschrecken. Warnung vor dem Götzendienst der Landesbewohner (20)
24 Bundesschluß durch Opferblut. Mahl der Auserwählten auf dem Berg (1)
Mose mit Josua vierzig Tage auf dem Berg (12)

D. Die Wohnung Gottes inmitten seines Volkes (25–40)

25 Die Opfergaben für die Stiftshütte (1)

Mose bekommt das Modell gezeigt (9)

Bundeslade (10)

Schaubrottisch (23)

Goldener Leuchter (31)

26 Zeltbahnen, Holzwände und Vorhänge der Stiftshütte (1)

27 Der tragbare Brandopferaltar (1)

Abschrankung des Vorhofs (9)

Das Öl für den Leuchter (20)

28 Amtskleidung des Hohenpriesters (1)

Kleidung der Priester (40)

29 Die Einsetzung des Hohenpriesters (1)

Das tägliche Morgen- und Abendopfer (38)

Die Stiftshütte als Ort der Gegenwart Gottes unter seinem Volk (42)

30 Räucheraltar (1). Kopfsteuer für das Heiligtum (11). Wasserbecken (17)

Salböl (22). Mischung für das Räucherwerk (34)

31 Bezalel und Oholiab als leitende Kunsthandwerker (1)

Einschärfung der Sabbatheiligung und Übergabe der Gesetzestafeln (12)

Bundesbruch und neuer Bundesschluß (32–34):

32 Abfall des Volkes: Der Tanz um das Goldene Kalb (1)

Moses Fürbitte für das Volk (7)

Mose zerbricht die Gesetzestafeln und zerstört das Götzenbild (15)

Strafgericht durch die Leviten. Erneute Fürbitte Moses. Seuche als Strafe (25)

33 Befehl zum Aufbruch. Der Engel, nicht Gott, wird mitziehen (1); die Israeliten legen ihren Schmuck ab (4)

Das Zelt, in dem Gott mit Mose Auge in Auge redet (7)

Mose erreicht, daß Gott mitzieht (12)

Mose möchte Gott in seiner Herrlichkeit sehen (18)

34 Gott ruft Mose mit zwei neuen Tafeln auf den Berg (1)

Gott geht an Mose vorüber und ruft seinen Namen aus (5)

Zusage des Bundes und Verkündung von Geboten; »Privilegrecht Gottes« oder kultischer Dekalog (9)

Aufzeichnung der Gebote als Bundesurkunde (27)

Der Glanz auf Moses Gesicht (29)

35 Einschärfung des Sabbatgebots (1)

Aufforderung zu Spenden und Aufruf an die Kunsthandwerker (4); Aufzählung der eingegangenen Spenden (20)

Beauftragung der Kunsthandwerker (30; 36,1)

36 Überfluß an Spenden (3)

Herstellung von Zeltbahnen, Bretterwänden und Vorhängen für die Stiftshütte (8)

37 Herstellung von Bundeslade (1), Schaubrottisch (10), Leuchter (17) und Räucheraltar (25)
38 Herstellung von Brandopferaltar (1), Wasserbecken (8) und Abschrankung des Vorhofs (9)
Die aufgewendete Gesamtmenge an Gold, Silber, Bronze, Kupfer (21)
39 Herstellung der Priesterkleidung (1)
Mose begutachtet die vollendeten Arbeiten (32)
40 Aufrichtung der Stiftshütte (1)
Die Herrlichkeit Gottes nimmt Besitz von der Stiftshütte.
Die Wolke über der Wohnung Gottes (34)

Wichtiges in Kürze

Entstehung: s. Pentateuch S. 10
Theologische Motive:
- Neue Gottesoffenbarung – neuer Gottesname (3,13-15 [E]; 6,2f [P])
- Herausführung aus Ägypten als Grunddatum (20,2) und Rettung am Schilfmeer als Grunderfahrung (14,13f; 15,1.21; Jes 43,16-21; 51,10; Ps 66,6)
- [P] Steigerung der souveränen Wundermacht Gottes in der Plagenerzählung (7–11)
- [P] Die »Wohnung« Gottes inmitten seines Volkes als Ziel des Exodus (29,42b-46; 40,33b-35) und Grundlage des Opferkults (25–31). »Murren« des Volkes (vgl. Lev): 14,1f; 15,24; 16,3; 17,2f
- »Apodiktisches« und »kasuistisches« Recht: Dekalog (20) und Privilegrecht Jahwes (34) – Bundesbuch (21–23)

Merkstoff:
- Unterdrückung in Ägypten (1–2), Berufung Moses (3–4)
- Ägyptische Plagen (7–11), Passa und Auszug (12)
- Rettung am Schilfmeer (14), Mose-/Mirjiamlied (15)
- Manna (16)
- Dekalog (20); Bundesbuch (21–23); Bundesschluß (24)
- Stiftshütte (25–31; 35–40)
- Goldenes Kalb (32)
- Privilegrecht Jahwes / kultischer Dekalog (34)

A. Opfergesetze für das Volk (1–5)

1 Brandopfer (1)
2 Speisopfer (1)
3 Mahlopfer bzw. Dank-/Heilsopfer (1)
4 Sünd-/Sühneopfer für unbeabsichtigte Übertretungen (1)
5 Anlässe für die Darbringung eines Sünd-/Sühneopfers (1)
Opfergabe von Armen (7). Schuld-/Wiedergutmachungsopfer (14)

B. Opfergesetze für die Priester (6–7)

6 Brand- und Speiseopfer (1)
Sünd-/Sühneopfer (17)
7 Schuld-/Wiedergutmachungsopfer (1)
Mahlopfer bzw. Dank-/Heilsopfer (11)
Verbot von Fett- und Blutgenuß (22)
Priesteranteil der Opfer (28)

C. Die Einführung des Opferdienstes (8–10)

8 Einsetzung Aarons und seiner Söhne (1)
9 Der erste Opfergottesdienst. Gottes Feuer verzehrt die Opferstücke (1)
10 Tod der Aaronsöhne Nadab und Abihu, weil sie »fremdes Feuer« zum Altar gebracht haben (1)
Einschärfung der Priesterpflichten (8)

D. Bedingungen für die Teilnahme am Opfergottesdienst: Reinheitsgesetze (11–15)

11 Reine und unreine Tiere. Umgang mit Aas (1)
12 Unreinheit von Müttern nach der Geburt (1) und Opfer für ihre Reinigung (6)
13 Unreinheit durch Aussatz: Kriterien für die Feststellung durch den Priester (1); Verhalten von Aussätzigen (45)
Aussatz, d.h. Schimmel, an Geweben und Leder (47)
14 Reinerklärung von Aussätzigen: Reinigungszeremonien (1) und Opfer (10)
Aussatz, d.h. Schwamm, an Häusern (33)
15 Unreinheit durch Körperausscheidungen des Mannes (1–18) und der Frau (19)

E. Versöhnungstag als Hauptfest und die Hauptregel für das Opfer (16–17)

16 *Das Ritual des Versöhnungstages [Jom Kippur]:*
Vorbereitung (1), Auslosung der beiden Böcke (7), Sühnopfer und Sühnehandlung an der Deckplatte der Bundeslade im Allerheiligsten (11), Entsündigung des Brandopferaltars (18), Austreibung des Sündenbocks (20)
Verhalten des Volkes am Versöhnungstag (29)
Bindende Vorschrift für den Hohenpriester (32)
17 Schlachtung grundsätzlich nur als Opfer am Heiligtum (1)
Kein Opfer für andere Götter (8), kein Blutgenuß (10)
Unreinheit durch verendete Tiere (15)

F. Heiligkeit im Alltag und beim Gottesdienst: »Heiligkeitsgesetz« (18–22)

18 Abgrenzung von den Bräuchen anderer Völker (1; 24)
Verbotene Verwandtschaftsgrade für sexuellen Verkehr (6)
Geschlechtliche Verirrungen und Kinderopfer (19)
19 »Ihr sollt heilig sein, denn ich bin heilig«: soziale, kultische und andere Vorschriften (1; 18: »Du sollst deinen Nächsten [34: den Fremden!] lieben wie dich selbst«)
20 Todeswürdige Vergehen: Kinderopfer an den Moloch, Totenbefragung, Verfluchung der Eltern (1), Geschlechtsverkehr mit Verwandten (10)
Israel als heiliges Volk (22)
21 Reinheitsvorschriften für Priester (1)
22 Kreis der Berechtigten, die vom Priesteranteil der Opfergaben essen dürfen (1)
Fehlerfreiheit und Vollwertigkeit der Opfertiere (17)
Heiligung Gottes durch sein Volk (31)

G. Jahresfeste und Festjahre (23–25)

23 Einleitung zum Festkalender. Sabbatheiligung (1)
Passa und Ungesäuerte Brote [Mazzot] (5); Erstlingsgarbe (9)
Wochen-/Pfingstfest [Schawuot]; Darbringung der ersten Brote (15); die Nachlese gehört den Armen (22)
Neujahr [Rosch Haschana] (23)
Versöhnungstag [Jom Kippur] (26)
Laubhüttenfest [Sukkot] (33)
24 Anzünden der Lampen im Heiligtum (1)
Schaubrote (5)
Ein Fall von Gotteslästerung (10)
Talionsgesetz: »Leben für Leben, Auge für Auge ...« (17)
25 Sabbatjahr (1) und Erlaßjahr (8)
Unveräußerlichkeit von Grund und Boden; Rückkauf durch den Löser (23)
Verbot des Zinsnehmens (35) und der Versklavung von Israeliten (39).
Auslösung israelitischer Sklaven (47)

H. Abschluß: Segen und Fluch (26–27)

26 Gehorsam gegen Gott bringt Segen (1)
Ungehorsam bringt Fluch und Unglück (14)
Abschluß der Gesetzessammlung (46)
27 Nachträge:
Auslösung durch ein Gelübde geweihter Personen (1)
Auslösung von Tieren, Häusern, Landbesitz (9)

Sonderfälle; »Bann« [= Weihe an Gott], der Auslösung ausschließt (26)
Abschlußformel (34)

Wichtiges in Kürze

Entstehung: s. Pentateuch S. 10
Theologische Motive:
- Interesse an Opferkult (1–7) und kultischer Reinheit (11–15)
- Schuldsühnung als zentraler Sinn des Opferkults; Versöhnungstag (16)
- »Heiligkeit« als Maßstab auch des sozialen Lebens (19)

Merkstoff:
- Unreine Tiere (11), Aussatz (13–14)
- Versöhnungstag/Jom Kippur (16)
- Heiligkeitsgesetz (19–22 bzw. 26)
- Festkalender (23)
- Erlaßjahr (25)
- »Ihr sollt heilig sein, denn ich bin heilig« (19,2)
- Gebot der Nächstenliebe (19,18) und Fremdenliebe (19,34)

A. Ordnung der Stämme, Levitenpflichten usw.		1–10
1–2	Erste Zählung und Stämmeordnung	
3–4	Levitenpflichten	
5	Gottesurteil bei Ehebruchsverdacht	
6	Die Gottgeweihten (Nasiräer)	
7	Einweihungsopfer der Stammesobeshäupter	
8	Weihe der Leviten	
B. Zug vom Sinai bis zur Grenze des Landes Kanaan		10–14
11–12	Helfer für Mose und Auflehnung Mirjams	
13–14	Erkundung des Landes	
C. Über Priester und Opfer		15–19
16–17	Auflehnung Korachs	
19	Reinigungswasser	
D. Auseinandersetzungen an der Grenze des Landes		20–26
20	Zweifel Moses und Aarons	
21	Sieg über Sihon und Og	
22–24	Der Seher Bileam	
25	Götzendienst für Baal-Pegor	
26	Zweite Zählung	
E. Weitere gesetzliche Regelungen		27–30
27	Erbrecht der Töchter	
28–29	Die vorgeschriebene Anzahl der Opfergaben	
30	Gelübde von Frauen	
F. Verteilung des Ostjordanlandes und weitere Regelungen		31–36
31	Strafexpedition gegen die Midianiter	
32	Zusage an die zweieinhalb Stämme	
33–34	Lagerplätze der Israeliten und Grenzen des Landes	
35	Leviten- und Asylstädte	
36	Erbrecht der Töchter	

A. Ordnung der Stämme, Levitenpflichten usw. (1,1 – 10,10)

1 Zählung der wehrfähigen Männer (1)
Sonderstellung der Leviten (47)
2 Ordnung der Stämme im Lager und auf dem Weg (1)

3 Aarons Söhne (1)
Aussonderung der Leviten, den Priestern unterstellt (5)
Gliederung und Zählung der Leviten (14)
Die Leviten Eigentum Gottes anstelle der Erstgeborenen (40)
4 Aufgaben der Levitengruppen Kehat, Gerschon, Merari (1)
Zahl der dienstfähigen Leviten (34)
5 Ausschluß Unreiner aus dem Lager (1)
Sühnung von Eigentumsvergehen (5)
Gottesurteil bei Verdacht des Ehebruchs: »Eifersuchtsordal« (11)
6 Regeln für Gottgeweihte/Nasiräer (1)
Opfer der Nasiräer nach Abschluß der Weihezeit (13)
Der hohepriesterliche/aaronitische Segen (22)
7 Opfergaben der Stammesoberhäupter zur Einweihung der Stiftshütte (1)
8 Aufsetzen der Lampen auf den Leuchter (1)
Weihe (5) und Dienstalter (23) der Leviten
9 Zweites Passafest; Ausweichdatum für Unreine und Verhinderte (1)
Wolke und Feuerschein über der Stiftshütte, Zeichen der Gegenwart Gottes und Anzeige der Aufenthaltsdauer (15)
10 Die Silbertrompeten und ihre Signale (1)

B. Zug vom Sinai bis an die Grenze des Landes Kanaan (10,10 – 14,45)

10 Geordneter Aufbruch vom Sinai (11)
Hobab als wegekundiger Führer (29); Ladesprüche (35)
11 Verlangen des Volkes nach Fleisch (1)
Siebzig Älteste, ausgestattet mit Gottes Geist, als Helfer Moses (10)
Wachteln im Überfluß und Gottes Zorn: Kibrot-Taawa = Lustgräber (30)
12 Auflehnung Mirjams und Aarons gegen Mose. Mirjams Aussatz (1)
13 Aussendung der Kundschafter. Die Riesentraube (1)
Bericht über die riesigen Bewohner Kanaans (25)
14 Angst und Auflehnung des Volkes (1); Josua und Kaleb (6); Moses Fürbitte (11)
Zur Strafe vierzig Jahre in der Wüste (26)
Zu späte Reue: mißlungener Eroberungszug (38)

C. Über Priester und Opfer (15–19)

15 Speis- und Trankopfer als Beigaben zu Tieropfern (1)
Erstlingsbrote (17)
Unbeabsichtigte und absichtliche Verfehlungen (22)
Ein Fall von Sabbatschändung (32)
Quasten am Obergewand als Denkzeichen (37)
16 Auflehnung der Leviten Korach, Datan und Abiram [»Rotte

Korach«] (1); Gottesurteil; Datan und Abiram lebendig von der Erde verschlungen (16)

17 Die Räucherpfannen der Getöteten als Warnungszeichen (1)
Murren des Volkes, Aaron wendet das Verderben ab (6)
Aarons blühender Stab: Vorrang der Aaroniden (16)

18 Wer der Wohnung Gottes nahen darf; Verhältnis der Priester und Leviten (1)
Anteil der Priester an der Opfergaben (8)
Zehnter für die Leviten, davon Zehnter für die Priester (20)

19 Herstellung und Gebrauch des Reinigungswassers (1)

D. Auseinandersetzungen an der Grenze des Landes (20–26)

20 Tod Mirjams (1)
Murren des Volkes. Wasser aus dem Felsen bei Meriba [Haderwasser]; Mose und Aaron zweifeln (2)
Die Edomiter lassen Israel nicht durchziehen (14)
Tod Aarons auf dem Berg Hor (22)

21 Sieg über den König von Arad bei Horma (1)
Die eherne Schlange (4). Wegstationen (10)
Siege über Sihon von Heschbon (21) und Og von Baschan (33)

22 Der Moabiterkönig Balak sucht Hilfe gegen Israel bei dem Seher Bileam (1)
Bileam hört auf Gott (9); er wird durch seine Eselin gewarnt (21)

23 Balaks Opfer. Bileam segnet Israel zum ersten Mal (1)
Bileam segnet Israel zum zweiten Mal (13)

24 Bileam segnet Israel zum dritten Mal (1)
Bileams Prophezeiung vom Stern aus Jakob (12)
Bileams Prophezeiungen über andere Völker (20)

25 Die Männer Israels lassen sich zum Dienst des Götzen Baal-Pegor verführen. Der Eifer des Priesters Pinhas rettet das Volk (1)

26 Wiederholte Zählung der wehrfähigen Männer (1)
Gliederung und Anzahl der Leviten (57)
Von den früher Gezählten ist keiner mehr am Leben außer Kaleb und Josua (63)

E. Weitere gesetzliche Regelungen (27–30)

27 Regelung für Erbtöchter (1). Josua zu Moses Nachfolger bestimmt (12)

28 Das tägliche Morgen- und Abendopfer (1)
Opfer an Sabbat und Neumond (9)
Opfer an Passa (16) und Pfingsten (26)

29 Opfer an Neujahr (1), Versöhnungstag (7), Laubhüttenfest (12)

30 Wann Gelübde von Frauen ungültig sind (1)

F. Verteilung des Ostjordanlandes und weitere Regelungen (31–36)

31 Strafexpedition gegen die Midianiter (1); Verteilung der Beute (25); Sühnegabe für Gott (48)
32 Ostjordanland für Ruben und Gad (1); Städte von Gad und Ruben (34); Gebiete von Machir, Jaïr und Nobach (39)
33 Lagerplätze der Israeliten auf dem Weg von Ägypten bis an den Jordan (1)
Befehl, die Bewohner des Landes zu vertreiben (50)
34 Grenzen von Israels Gebiet westlich des Jordans (1)
Stammesvertreter für die Verteilung des Landes (16)
35 Wohnstädte der Leviten (1)
Asylstädte und Bestimmungen über Asyl bei Totschlag (9)
36 Ergänzung zum Erbrecht der Töchter (1)

Wichtiges in Kürze

Entstehung: s. Pentateuch S. 10
Theologische Motive:
o Interesse an den Leviten (3–4; 8; 35)
o »Murren« des Volkes: 11,4-6 (Fleisch); 14,1-4 (Kundschafter); 20,2-5 (Meriba); 21,5 (eherne Schlange)
o Vorrecht der Priester vor den Leviten, festgestellt gegen den Anspruch der Rotte Korach (16)
o Versagen Moses und Aarons (20)
o Bileamsprüche: Israel als das gesegnete Volk (22–24)
Merkstoff:
- Volkszählungen (1–2; 26)
- Nasiräer (6)
- Aaronitischer Segen (6); Ladesprüche (10)
- Mirjams Aussatz (12)
- Kundschafter (13–14)
- Rotte Korach (16–17) und Aaronstab (17)
- Eherne Schlange (21) und Baal-Pegor (25)
- Sieg über Sihon und Og (21), Landzusage für Ruben und Gad (32)

DAS 5. BUCH MOSE/DEUTERONOMIUM (5 Mose; Dtn)

A.	Rückblick Moses und Ermahnungen an das Volk	1–11
1–3	Geschichtsrückschau	
4	Befolgung des Gesetzes als Bedingung des Landbesitzes	
5	Die Zehn Gebote (Dekalog)	
6	Das Grundgebot der Gottesliebe (»Sch'ma Jisrael«)	
7–11	Ermahnung zur Dankbarkeit, Warnung vor Götzendienst	
B.	Das Gesetzbuch für Gottes Volk in Gottes Land	12–26
12	Das Grundgebot für den Gottesdienst: ein zentrales Heiligtum	
13–26	Die Gesetzessammlung	
C.	Der Bundesschluß	26–30
26–27	Der Bund zwischen Gott und Volk	
28–30	Entscheidung zwischen Leben und Tod	
D.	Moses letzte Worte und Tod	31–34
31	Beauftragung Josuas	
32–34	Moselied und Mosesegen; Moses Tod	

A. Rückblick Moses und Ermahnungen an das Volk (1–11)

1 Einleitung zur Moserede (1)
Rückblick: Aufbruch vom Horeb [= Sinai] (6)
Einsetzung von Richtern (9)
Erkundung des Landes; Folgen der Widersetzlichkeit (19)
2 Zug durch Edom, Moab und Ammon (1)
Sieg über Sihon (24) und Og (3,1)
3 Verteilung des Ostjordanlandes (12)
Mose darf das Gelobte Land nicht betreten (23)
4 Israels einzigartiges Gesetz (1)
Israels einzigartiger Gott: Die Stimme am Gottesberg; Verbot von Gottesbildern (9)
Einleitung zur Verkündung des Gesetzes (44)
5 Wiederholung der Zehn Gebote (1)
Erinnerung an die Reaktion des Volkes am Horeb (22)
6 »Höre, Israel« [Sch'ma Jisrael]: Der eine Gott fordert ungeteilte Liebe (1)
Merkzeichen an Arm, Stirn und Türpfosten (6; 11,18)
Gehorsam aus Dankbarkeit für Gottes Taten (10)

7 Kein Bund mit den sieben Völkern des Landes, Vernichtung ihrer Kultstätten (1)
Das kleinste Volk, groß durch Gottes Liebe (6)
Ein Gottesschrecken wird die Völker des Landes vertreiben; Befehl zur Vernichtung der Götterbilder (17)
8 Erinnerung an Gottes Wohltaten; Israel hat nichts der eigenen Kraft zu verdanken (1)
9 Zusage der Hilfe Gottes gegen Riesenmauern und Riesenvolk; Israel hat nichts seinen Verdiensten zu verdanken (1)
Erinnerung an den Abfall zum Goldenen Kalb und weitere Widersetzlichkeiten (7)
Moses Fürbitte am Horeb und neue Gesetzestafeln (25; 10,1)
10 Tod Aarons (6); Aussonderung des Stammes Levi (8)
Israel, von Gott aus Liebe erwählt, soll ihn fürchten und lieben; Beschneidung der Herzen (12)
11 Gottes Großtaten als Warnung und Wegweisung (1)
Bedingte Landzusage. Wahl zwischen Segen und Fluch, auszurufen von Garizim und Ebal (22)

B. Das Gesetzbuch für Gottes Volk in Gottes Land (12,1 – 26,15)

12 Grundgebot: ein zentrales Heiligtum (2)
Opfer und Abgaben nur am Zentralheiligtum, Schlachtung überall im Land; Verbot von Blutgenuß (13)
13 Keine Nachsicht mit Verführern zum Götzendienst (2)
14 Keine heidnischen Trauerbräuche (1)
Reine und unreine Tiere (3)
Zehntabgabe und Zehnten des dritten Jahres (22)
15 Erlaßjahr: Schuldenerlaß im siebten Jahr; Unterstützung der Armen (1)
Erlaßjahr: Freilassung israelitischer Sklaven/innen (12)
16 Die drei Wallfahrtsfeste: Passa (1), Wochen-/Pfingstfest (9), Laubhüttenfest (13)
17 Verfahren bei Götzendienst: zwei bis drei Zeugen, Steinigung (2)
Das Obergericht am Ort des Zentralheiligtums (8)
Königsgesetz (14)
18 Unterhalt der Priester einschließlich Landpriester (1)
Verbot mantischer Praktiken, Verheißung eines Propheten wie Mose für jede Generation (9)
19 Asylstädte für Totschläger, Ahndung für Mord (1)
Verbot, Marksteine zu verrücken (14)
Verurteilung nur bei zwei Zeugen; Bestrafung falscher Zeugen (15)
Talionsgesetz: »Auge für Auge...« (21)
20 Freistellung vom Kriegsdienst (1)
Vorgehen bei Belagerung, Übergabe und Eroberung von Städten (10)
21 Sühnung für unaufgeklärten Mord (1)

Ehe mit kriegsgefangenen Mädchen (10)
Erstgeburtsrecht des Sohnes der Ungeliebten (15)
Steinigung eines Sohnes, der liederlich lebt und sich den Eltern widersetzt (18)
Bestattung eines Aufgehängten vor Sonnenuntergang: »Wer am Holz hängt, ist von Gott verflucht« (22)

22 Rückgabe verlaufener Tiere und verlorener Gebrauchsgegenstände (1)
Quasten an den Zipfeln des Obergewandes (12)
Nachweis der Unberührtheit einer Braut bei nachträglicher Anzweiflung (13)
Ehebruch; Vergewaltigung einer Verlobten (22)

23 Ausschluß von Eunuchen, Ammonitern und Moabitern aus der Gottesdienstgemeinde Israels (2)
Reinhaltung des Kriegslagers (10)
Asyl für ausländische Sklaven (16)
Keine »Geweihten« fremder Götter in Israel [Deutung auf Tempelprostitution fragwürdig] (18)
Verbot des Zinsnehmens (20). Über Gelübde (22)
Erlaubter Mundraub: Trauben und Ähren (25)

24 Ehegesetze: Scheidebrief und Folgen (1); Freistellung Neuvermählter vom Kriegsdienst (5)
Verbot der Pfändung der Mühlsteine und des Menschenraubs (6)
Schutz der Schwachen: Rückgabe des gepfändeten Obergewands und pünktliche Lohnzahlung; Recht der Nachlese (10; 17)
Niemand haftet für die Schuld seiner Eltern oder Kinder (16)

25 Begrenzung der Prügelstrafe auf vierzig Schläge (1)
Kein Maulkorb für das dreschende Rind (4)
Schwagerehe/Leviratsehe: Pflicht zur Erhaltung der Familie des Bruders (5)
Keine gemeinen Griffe bei Streit (11)
Unverfälschte Maße und Gewichte (13)

26 Dankbekenntnis bei Ablieferung der Erstlingsfrüchte (1); Unterlassungserklärung beim Armenzehnten (12)

C. Der Bundesschluß (26,16–30,20)

26 Mose stellt das Bundesangebot Gottes und die Bundesverpflichtung des Volkes fest [»Bundesformel«] (16)

27 Errichtung von Denksteinen und Altarbau auf dem Ebal [vgl. 11,29-32] (1)
Ausruf von Segen und Fluch auf Garizim und Ebal; zwölf Fluchwörter (11)

28 Segen des Gehorsams (1), Fluch des Ungehorsams (15)

29 Mose eröffnet den Bundesschluß (1)
Der Bund gilt für alle Teile des Volkes und alle Generationen (9)

30 Umkehr nach vorausgesehenem Abfall. Beschneidung der Herzen durch Gott (1)
Gottes Gesetz als nahes, allen zugängliches Wort (11)
Die Wahl zwischen Leben und Tod (15)

D. Moses letzte Worte und Tod (31–34)

31 Mose setzt Josua als seinen Nachfolger ein (1)
Aufzeichnung des Gesetzes zur regelmäßigen Verlesung (9)
Aufbewahrung des Gesetzbuchs neben der Bundeslade (24)
32 Das Moselied (1) und abschließende Mahnung (44)
Gott schickt Mose auf den Berg Nebo (48)
33 Der Mosesegen für die zwölf Stämme (1)
34 Mose schaut das Gelobte Land und stirbt (1)
Nachruf auf Mose, den einzigartigen Propheten (10)

Wichtiges in Kürze

Entstehung: 7./6. Jh. v. Chr.; umstritten, ob Zusammenhang mit 2Kön 22,8
Theologisches Profil:
o Prinzip »Ein Gott – ein Heiligtum« (6,4; 12,5); Mehrzahl der Heiligtümer als Götzendienst (vgl. 2Kön 23,8b-9)
o Prinzip der Solidarität innerhalb des Gottesvolkes, speziell gegenüber den Armen (15,1-11), Schuldsklaven (15,12-18), Witwen und Fremden (14,29; 16,11), Leviten (12,12; 14,27)
Merkstoff:
- Wiederholung der Zehn Gebote (5)
- Höre, Israel: das »Sch'ma Jisrael« (6,4f)
- Merkzeichen an Stirn und Arm, die sog. Tefillim (6,8; 11,18)
- Gesetz über das zentrale Heiligtum (12)
- Bekenntnis bei der Ablieferung der Erstlingsgaben (26)
- Fluchreihe zum Vortrag auf dem Ebal (27)
- Wahl zwischen Leben und Tod (30)
- Moselied (32) und Mosesegen (33)
- Moses Tod (34)

DAS DEUTERONOMISTISCHE GESCHICHTSWERK (Dtr)

Die Bücher Josua bis 2. Könige bilden ein einziges großes Geschichtswerk. Sie schildern nicht nur einen zusammenhängenden Geschichtsabschnitt, sondern sind auch durch die in die Darstellung eingefügten Wertungen erkennbar miteinander verbunden (vgl. etwa die theologische Einleitung zum Richterbuch Ri 2,11-23 mit den Vorwürfen in 2Kön 16,34; 21,2-9). Diese Wertungen entsprechen den Maßstäben, die im deuteronomischen Gesetzbuch, unserem 5. Mosebuch = Deuteronomium, aufgestellt sind: Keine Verehrung fremder Götter, aber auch nicht Verehrung von Israels Gott [Jahwe] an anderen Opferstätten als dem einen zentralen Heiligtum (Dtn 12,2-5). Dem entspricht die durchgängige Verurteilung der Könige des Nordreichs Israel, die Jahwe an ihren beiden Reichsheiligtümern Bet-El und Dan in Gestalt von goldenen Stierkälbern anbeten, die sog. »Sünde Jerobeams« (1Kön 12,26-30; insgesamt 16 Erwähnungen zwischen 1Kön 14,16 und 2Kön 15,28). Das Ende des Reiches Israel (2Kön 17,7-23) wie des Reiches Juda (21,10-15; 24,3-4) ist nach dieser Darstellung als Erfüllung der Fluchandrohungen des 5. Mosebuchs zu erkennen (Dtn 28,15ff, speziell 28,63-64; vgl. Dtn 29,23-27).

Vermutlich bildete das Deuteronomium als theologische Grundlegung zugleich die Eröffnung des Geschichtswerks, bevor es dann abgetrennt und dem Pentateuch zugeordnet wurde.

Dem einheitlichen Bewertungsmaßstab steht allerdings eine lebendige Fülle von Stoffen gegenüber, die als selbständige Überlieferungen in das Gesamtwerk eingegangen sind, nicht nur als Einzelgeschichten, sondern auch in Form kleinerer zusammenhängender Geschichtsdarstellungen, wie dies im Fall der Geschichte vom Aufstieg Davids (1Sam 16–2Sam 5) oder der mit königskritischen Untertönen versehenen Geschichte der Thronnachfolge Davids (2Sam 9–1Kön 2; der Beginn wird unterschiedlich angesetzt) vermutet wird.

Als Aufarbeitung der Geschichte Israels entstand das Deuteronomistische Geschichtswerk – vielleicht nach Vorstufen in der Zeit des Königs Joschija – im babylonischen Exil, noch bevor sich mit dem Perserkönig Kyrus die Wende abzeichnete (vgl. 2Kön 25,27-30).

A. Theologische Grundlegung	
Mose verkündet das Gesetz	Dtn 1–34
B. Landnahme und vorkönigliche Zeit	
Eroberung des Westjordanlandes	Jos 1–12
Abgrenzung der Stammesgebiete	13–22
Josuas Vermächtnis	23–24
Die Zeit der Richter	Ri 1–21
C. Königtum Sauls und Aufstieg Davids	
Ende der Richterzeit mit Samuel	1Sam 1–7
Einführung des Königtums	8–12
Sauls Ungehorsam und Verwerfung	13–15
Davids Aufstieg	1Sam 16–2Sam 5
D. Königtum und Thronnachfolge Davids	
David auf dem Höhepunkt seiner Macht (Natansverheißung 2Sam 7)	2Sam 6–12
Aufstände Abschaloms und Schebas	13–20
Nachträge	21–24
Salomos Einsetzung, Davids Tod	1Kön 1–2
E. Königtum Salomos	
Salomos Herrschaft	2–5
Palast- und Tempelbau	5–9
Salomos Ruhm und Götzendienst	10–11
F. Die getrennten Reiche Israel und Juda	
Reichsteilung unter Rehabeam	12
Könige Israels und Judas	13–16
König Ahab und der Prophet Elija	1Kön 16–2Kön 1
Wirken des Propheten Elischa in Israel	2Kön 2–8
G. Weitere Geschichte der beiden Reiche bis zum Untergang	
Geschichte der getrennten Reiche	9–16
Untergang des Nordreichs	17
Juda bis zum Untergang	18–25

DAS BUCH JOSUA (Jos)

A. Eroberung des Landes Kanaan (1–12)

1 Befehl Gottes zum Einzug in das verheißene Land; Ermutigung für Josua (1)
2 Aufnahme der Kundschafter bei Rahab in Jericho (1)
3 Durchzug durch den aufgestauten Jordan (1)
4 Zwölf Steine als Gedenkzeichen (1)
5 Jordanwunder weckt die Furcht der Könige des Landes (1)
Beschneidung und erstes Passafest in Kanaan (2)
Josua begegnet dem Führer des himmlischen Heeres (13)
6 Die Mauern Jerichos fallen durch die »Posaunen von Jericho« (1)
Verschonung Rahabs (22)
7 Unterschlagung von Banngut durch Achan; seine Steinigung im Achortal (1)
8 Eroberung und Vernichtung der Stadt Ai (1)
Verlesung des Gesetzbuches zwischen Garizim und Ebal (32)
9 Die Bewohner von Gibeon retten sich durch eine List (1)
10 Josua hilft den Gibeonitern gegen die Kanaaniterkönige; Stillstand der Sonne zur Vollendung des Sieges (1)

Hinrichtung der Könige (16) und Eroberung der Städte Südkanaans (28)

11 Sieg über die Könige Nordkanaans bei den Wassern von Merom (1)
Ganz Kanaan erobert (10)

12 Liste der von Mose und Josua besiegten Könige (1)

B. Verteilung des Landes an die Stämme Israels (13–22)

13 Auftrag Gottes zur Verteilung des Landes (1)
Rückblick auf die Verteilung des Ostjordanlandes (8)

14 Verteilung des Westjordanlandes unter Führung von Josua und Eleasar (1)
Hebron als Erbbesitz Kalebs (6)

15 Gebiet des Stammes Juda (1); Liste der zwölf Bezirke (20)

16 Gebiet der Josefstämme: Efraim (1)

17 Gebiet der Josefstämme: Manasse (1)

18 Erfassung des restlichen Landes (1)
Gebiet des Stammes Benjamin (11)

19 Gebiet der übrigen Stämme Simeon, Sebulon, Issachar, Ascher/Asser, Naftali und Dan (1)
Der Erbbesitz Josuas (49)

20 Asylstädte für Totschläger (1)

21 Wohnstädte für die Leviten (1)
Gott hat seine Zusage erfüllt und schenkt dem Land Frieden (43)

22 Josua entläßt die ostjordanischen Stämme (1)
Der Altar am Jordan als Zeichen der Zusammengehörigkeit (9)

C. Verpflichtung des Volkes zur Treue gegen Gott (23–24)

23 Josuas Abschiedsrede (1)

24 Josua versammelt die Stämme Israels zum »Landtag von Sichem« und stellt sie vor die Entscheidung (1)
Tod Josuas und Eleasars (29)

Wichtiges in Kürze

Entstehung: s. Deuteronomistisches Geschichtswerk S. 34
Quellen: Landnahmeerzählungen, Städtelisten, Grenzbeschreibungen
Theologisches Profil:

- Gott hat seine Verheißungen erfüllt (21,43-45)
- Josua als Kriegsherr bei der Eroberung (1,10f; 10,9ff; 11) und als der am deuteronomischen Gesetz sich ausrichtende Führer des Volkes (1,7f; 8,34f; 23,6ff)
- Ausrottung der Landesbewohner nach der deuteronomischen Vorschrift (Dtn 7,1ff; Jos 6,17f; 8,24ff; 10,28 usw.)

Problem: Flächendeckende Bannvollstreckung als nachträgliches theologisches Postulat (vgl. Ri 1)

Merkstoff:

- Rahab und die Kundschafter (2)
- Die Mauern Jerichos (6)
- Landtag von Sichem (24)
- »Sonne, stehe still zu Gibeon« (10,12f)
- »Es war nichts dahingefallen von all dem guten Wort« (21,45)

DAS BUCH DER RICHTER (Ri)

A. Rückblick auf die Landnahme und Vorausblick auf die Richterzeit		1–3
B. Einzelne Richter und ihre Taten		3–16
3	Otniel, Ehud, Schamgar	
4–5	Debora	
6–8	Gideon	
9	Abimelech, der Usurpator	
10	Tola, Jair	
10–12	Jiftach (Jeftah)	
12	Ibzan, Elon, Abdon	
13–16	Simson	
C. Zustände in Israel während der Richterzeit		17–21
17–18	Der Stamm Dan und sein Heiligtum	
19–21	Konflikt um den Stamm Benjamin	

A. Vorausblick auf die Richterzeit (1,1 – 3,6)

1 Bericht über die Eroberung des Landes (1) mit Nennung der nicht eroberten Gebiete [»negatives Besitzverzeichnis«] (18; 27)

2 Israel muß neben den Kanaanitern leben (1)
Der typische Geschehensablauf der Richterzeit: Abfall zum Götzendienst – Unterdrückung durch Feinde – Hilferuf zu Gott – Rettung durch einen »Richter« – erneuter Abfall (6)
Gründe für den Verbleib der Fremdvölker (20; 3,1)

B. Einzelne Richter und ihre Taten (3,7 – 16,31)

3 Otniel besiegt Kuschan-Rischatajim (7)
Ehud überlistet den Moabiterkönig Eglon (12)
Schamgar erschlägt 600 Philister (31)

4 Debora ruft Barak zum Kampf gegen die Kanaaniter auf den Berg Tabor (1)
Die Keniterin Jaël erschlägt den feindlichen Heerführer (17)

5 Deboras Siegeslied (1)

6 Einfall der Midianiter (1). Berufung Gideons (11)
Gideon zerstört den Baalsaltar und bittet um ein Zeichen (25)

7 Gideons Heer ist Gott zu groß (1)
Der Traum vom rollenden Gerstenbrot (9)

Gideon ruft eine Panik im Lager der Feinde hervor (15)
8 Gideon besiegt die Midianiterkönige Oreb und Seeb und nimmt Rache an Sukkot und Penuel (1)
Gideon lehnt die angebotene Königswürde ab. Sein Tod (22)
9 Abimelech tötet die Söhne Gideons, seine Halbbrüder, und läßt sich in Sichem zum König machen (1)
Jotamfabel vom Dornstrauch als König (7)
Streit zwischen Abimelech und Sichem und blutiges Ende Abimelechs (22)
10 Die »kleinen« Richter Tola und Jair (1)
Bedrohung Gileads durch die Ammoniter (6)
11 Jiftach/Jeftah wird zu Hilfe gerufen; seine Herkunft und Vorgeschichte (1)
Verhandlung mit den Ammonitern (12). Jiftachs Gelübde und Sieg (28)
Opferung seiner Tochter aufgrund seines Gelübdes (34)
12 Jiftachs Konflikt mit den Männern von Efraim [Stichwort »Schibbolet«] (1)
Die »kleinen« Richter Ibzan, Elon, Abdon (8)
13 Simsons Geburt, angekündigt vom Engel des HERRN (1)
14 Simsons Hochzeit mit einer Philisterin, sein Rätsel und erster Konflikt mit den Philistern (10)
15 Simson zündet die Getreidefelder der Philister an und erschlägt tausend von ihnen mit einem Eselskinnbacken (1)
16 Simson entkommt aus Gaza und schleppt die Flügel des Stadttores weg (1)
Simson verfällt Delila und verrät sein Geheimnis (4)
Der geblendete Simson rächt sich und reißt tausende Philister mit sich in den Tod (23)

C. Zustände in Israel während der Richterzeit (17–21)

17 Der unheilige Ursprung von Michas Privatheiligtum (1)
18 Der Stamm Dan sucht eine neue Heimat und verschleppt Michas Heiligtum samt Priester dorthin (1)
19 Vergewaltigung der Frau eines Leviten mit Todesfolge in Gibea-Benjamin (1)
20 Benjamin hält zu Gibea und wird vom übrigen Israel dezimiert (1)
21 Die anderen Stämme verhelfen den überlebenden Männern zu Frauen, damit nicht ein ganzer Stamm ausstirbt (1)
Bilanz: In der königlosen Zeit tat jeder, was er wollte (25)

Wichtiges in Kürze

Entstehung: s. Deuteronomistisches Geschichtswerk S. 34
Quellen: Einzelüberlieferungen zur Landnahme, Richterliste

Theologische Motive:

- o Grundmuster der Richterzeit (2,11-19): Abfall – Not – Hilferuf – Richterberufung – Abwendung der Not – erneuter Abfall (vgl. 3,7.12; 4,1; 6,1; 10,6; 13,1)
- o Das Fehlen eines Königs führt zur Anarchie (17,6; 18,1; 19,1; 21,25)

Problem: Kap 17–21 als mutmaßlich späterer Nachtrag

Merkstoff:

- »Negatives Besitzverzeichnis« (1,18f.27-35)
- »Große« Richter: Otniel (3), Ehud (3), Schamgar (3), Debora (4–5), Gideon (6–8), Jiftach (10–12), Simson (13–16)
- »Kleine« Richter: Tola (10), Jair (10), Ibzan (12), Elon (12), Abdon (12)
- Deboralied (5); Jotamfabel (9)

DAS BUCH RUT

Ruts Treue wird von Gott belohnt 1–4

1 Die jung verwitwete Moabiterin Rut folgt ihrer Schwiegermutter Noomi nach Betlehem (1)

2 Rut sorgt für Noomi und liest Ähren auf dem Feld von Boas (1)
Noomi erkennt im Zusammentreffen mit Boas Gottes Fügung (17)

3 Rut schleicht in der Nacht zu Boas und erinnert ihn an seine Pflicht als »Löser« (1)

4 Boas löst Noomis Erbland aus und heiratet Rut (1)
Der Sohn der beiden wird zum Großvater von König David (13)

Wichtiges in Kürze

Entstehung: 5. oder 4. Jh. v. Chr. Im hebräischen Kanon selbständige Einzelgeschichte unter den »Schriften«; kein Bestandteil des Deuteronomistischen Geschichtswerks

Theologisches Profil:

- o Weisheitliche Lehrerzählung: Treue (Stichwort in 1,8; 2,10; 3,10) wird belohnt, auch über die Grenzen des Gottesvolkes hinaus (1,16f; 2,12)

DAS 1.BUCH SAMUEL (1Sam)

A.	<u>Samuel und das Ende der Richterzeit</u>	1–7
1–2	Hannas Gebet und Loblied	
3	Berufung Samuels	
4–6	Die Geschicke der Bundeslade (Ladeerzählung)	
7	Samuel als Richter	
B.	<u>Einführung des Königtums und Saul als erster König</u>	8–15
8	Samuels Warnung vor einem König	
9–11	Sauls Salbung und Sieg über die Ammoniter	
12	Samuels Abschiedsrede	
13–14	Philisterkämpfe	
15	Sauls Ungehorsam und Verwerfung	
C.	<u>David am Königshof Sauls</u>	16–20
16	Davids Salbung	
17	David besiegt Goliat	
18–20	Aufstieg Davids und Eifersucht Sauls	
D.	<u>David auf der Flucht vor Saul</u>	21–27
21–26	David von Saul verfolgt	
27	David bei den Philistern	
E.	<u>Sauls Verzweiflung und Ende</u>	28–31
28	Saul bei der Totenbeschwörerin von En-Dor	
29–30	David muß nicht gegen Saul in den Kampf ziehen	
31	Sauls Niederlage und Tod	

A. Samuel und das Ende der Richterzeit (1–7)

1 Hannas Kinderlosigkeit (1); ihr Gelübde (9)
Samuels Geburt und Übergabe an das Heiligtum (19)
2 Hannas Danklied (1)
Mißbrauch des Priesteramtes durch die Söhne Elis (11)
Ein Prophet kündigt dem Haus Eli die Strafe an (27)
3 Samuels Berufung: Gott spricht zum erstenmal zu ihm (1)
Samuel als Prophet für ganz Israel (19)
4 Die Bundeslade fällt in die Hand der Philister (1). Elis Tod (12)
5 Die Bundeslade bringt den Philistern Unglück (1)
6 Die Bundeslade wird zurückgesandt (1) und kommt nach Kirjat-Jearim (19; 7,1)

7 Samuels Gebet bringt den Sieg über die Philister bei Eben-Eser.
Samuels Richteramt (2)

B. Einführung des Königtums und Saul als erster König (8–15)

8 Israel fordert von Samuel einen König. Samuels Warnung (1)
9 Saul sucht entlaufene Eselinnen und wird bei Samuel wie ein König empfangen (1)
10 Saul von Samuel zum König gesalbt und von Gottes Geist ergriffen (1)
Saul in der Versammlung der Stämme durchs Los zum König bestimmt (17)
11 Saul rettet die Leute von Jabesch und besiegt die Ammoniter (1)
12 Samuels Mahnrede zum Abschied (1)
13 Erhebung gegen die Oberherrschaft der Philister. Saul opfert eigenmächtig (1)
14 Jonatans Heldentat und Israels Sieg (1)
Jonatan verwirkt sein Leben, wird aber von den Männern Israels freigebeten (24)
Sauls Kriege und seine Familie (47)
15 Sauls Kriegszug gegen die Amalekiter. Sein halbherziger Gehorsam und seine Verwerfung (1)

C. David am Königshof Sauls (16–20)

16 Samuel salbt David als jüngsten von Isais Söhnen zum König (1)
Sauls Verdüsterung. David kommt als Harfenspieler an Sauls Hof (14)
17 Der Philister (»Riese«) Goliat fordert König und Heer Israels heraus (1)
Der Hirtenjunge David besiegt Goliat mit einer Schleuder (12)
18 Der Königssohn Jonatan gewährt David seine Freundschaft (1)
Sauls Eifersucht auf Davids Erfolge; sein Speer verfehlt das Ziel (5)
David bekommt die Königstochter Michal für den Brautpreis von hundert Philistervorhäuten (17)
19 Jonatan warnt David und setzt sich für ihn ein (1)
Michal verhilft David zur Flucht (8)
David findet bei Samuel Schutz (18)
20 Jonatan setzt sich vergeblich für David ein. Abschied der beiden Freunde (1; 21,1)

D. David auf der Flucht vor Saul (21–27)

21 Vom Priester Ahimelech in Nob erhält David geweihtes Brot und Goliats Schwert (2)
David stellt sich vor dem Philisterkönig von Gat wahnsinnig (11)
22 David wird Anführer einer Streifschar (1)

Saul rächt sich an den Priestern von Nob. Der überlebende Abjatar geht zu David über (6)

23 David befreit Keïla, muß aber weiterfliehen (1)
Die Leute von Sif verraten David an Saul. Rettung in letzter Minute bei Sela-Machlekot (14)

24 David verschont Saul in der Höhle bei En-Gedi (1)

25 Samuels Tod (1)
Abigajil besänftigt Davids Zorn auf ihren Mann Nabal und wird Davids Frau (2)
Die Frauen Davids (43)

26 David verschont Saul zum zweiten Mal; Speer und Wasserkrug als Beweisstücke (1)

27 David findet Zuflucht bei den Philistern (1); sein Doppelspiel (8; 28,1)

E. Sauls Verzweiflung und Ende (28–31)

28 Saul bei der Totenbeschwörerin von En-Dor (3)

29 Aufgebot der Philister gegen Saul. David muß nicht mitkämpfen (1)

30 Davids Sieg über die Amalekiter (1); gerechte Verteilung der Beute (21)
David schickt Geschenke an die Ältesten von Juda (26)

31 Saul und seine Söhne sterben in der Philisterschlacht auf dem Gilboa-Gebirge (1)
Letzter Dienst der Männer von Jabesch an Saul (7)

Wichtiges in Kürze

Entstehung: s. Deuteronomistisches Geschichtswerk S. 34
Quellen: Jugendgeschichte Samuels, Ladeerzählung, Geschichte von Sauls Königtum, Geschichte von Davids Aufstieg
Theologische Motive:

- o Königskritische (8; 12) und königsfreundliche Tendenz (9–11)
- o Sauls Ungehorsam (13,8-14; 15,17-23)
- o David als Liebling Gottes (Erwählung; 16,12f; 18,28; 25,28) und des Volkes (18,1.7.16.28b)

Merkstoff:

- Ladeerzählung (4–7)
- Samuels Warnung vor einem König (8); Salbung Sauls (10), sein Ungehorsam im Amalekiterkrieg (15)
- Salbung Davids (16), David und Goliat (17), Eifersucht Sauls (18), Freundschaft mit Jonatan (18; 20)
- Davids Frauen: Michal (18), Ahinoam, Abigajil (25)
- David beschämt Saul (24; 26)
- Saul bei der Totenbeschwörerin in En-Dor (28); sein Ende (31)

DAS 2.BUCH SAMUEL (2Sam)

A.	David als König über den Stamm Juda	1–4
1	Davids Klage um Saul und Jonatan	
2–4	David König über Juda, Isch-Boschet über Israel	
B.	David als König über ganz Israel	5–12
5	David König über Israel, Eroberung Jerusalems	
6–7	Überführung der Bundeslade und Natansverheißung	
8–10	Davids Kriege	
11–12	Davids Ehebruch mit Batseba	
C.	Geschichte der Thronnachfolge Davids	13–20
13–14	Abschaloms Rache, Verbannung und Rückkehr	
15–19	Abschaloms Aufstand gegen David	
20	Aufstand Schebas	
D.	Nachträge	21–24
21	Genugtuung für die Gibeoniter. Helden Davids	
22–23	Davids Danklied und letzte Worte	
24	Strafe für Heerbannzählung und Erwerb des Tempelplatzes	

A. David als König über den Stamm Juda (1–4)

1 David erhält die Nachricht vom Tod Sauls und Jonatans (1); sein Klagelied (17)

2 David König über Juda, Isch-Boschet über Israel (1)
Bruderkrieg zwischen Juda und Israel unter Joab und Abner (12; 3,1)

3 Liste der in Hebron geborenen Söhne Davids (2)
Abner verhandelt mit David und bringt ihm Michal zurück (6); er fällt Joabs Rache zum Opfer (22); David distanziert sich von dem Mord (28)

4 Isch-Boschet ermordet (1); David distanziert sich (9)

B. David als König über ganz Israel (5–12)

5 David wird König über Israel (1)
David erobert Jerusalem und macht es zur »Davidsstadt« (6)
Söhne Davids in Jerusalem (13)
Siege über die Philister in der Rafaiterebene (17)

6 David holt die Bundeslade nach Jerusalem (1); sein verzückter Tanz und Michals Spott (14)

7 David will Gott ein Haus bauen; Gott sagt ihm durch Natan die ewige Dauer seines eigenen (Königs-)Hauses zu (1)
Davids Dankgebet (17)
8 David unterwirft die Nachbarkönige von Moab, Zoba, Damaskus, Edom (1)
Davids oberste Beamte (15)
9 David holt Jonatans Sohn Merib-Baal an seinen Hof (1)
10 Krieg mit den Ammonitern (1)
11 Davids Ehebruch mit Batseba und die Beseitigung Urijas (1)
12 Natan läßt David sich selbst das Urteil sprechen (1)
Davids Schuldbekenntnis; Tod des Kindes (13)
Eroberung der Ammoniterhauptstadt Rabba (26)

C. Geschichte der Thronnachfolge Davids (13–20)

13 Amnon vergewaltigt Abschaloms Schwester Tamar (1)
Abschaloms Rache und Flucht (23)
14 Joab erwirkt Abschaloms Rückkehr; die Rede der klugen Frau (1)
Abschalom versöhnt seinen Vater (23)
15 Abschalom läßt sich zum König ausrufen (1)
David flieht aus Jerusalem und läßt seinen Ratgeber Huschai zurück (13)
16 Merib-Baals Hausverwalter Ziba schwärzt seinen Herrn bei David an (1). Der Benjaminit Schimi beschipft David (5)
Ahitofels erster Rat wird befolgt (15)
17 Ahitofels zweiter Rat wird von Huschai durchkreuzt: David bekommt einen Vorsprung (1)
David in Mahanajim (27)
18 Entscheidungsschlacht und Abschaloms Tod (1)
Der Wettlauf der Boten (19)
19 Davids Trauer um Abschalom (1)
Davids Rückkehr nach Jerusalem; er verzeiht Schimi und Merib-Baal (10); Abschied von Barsillai (32)
Rivalität zwischen Israel und Juda (42)
20 Schebas Aufstand gegen David scheitert (1)
Aktualisierte Liste der obersten Beamten Davids (23)

D. Nachträge (21–24)

21 David sühnt Sauls Schuld an den Gibeonitern (1); Überführung der Gebeine Sauls und Jonatans ins Familiengrab (10)
Heldentaten der Krieger Davids in den Philisterkämpfen (15)
22 Davids Danklied (1)
23 Davids letzte Worte (1)
Die Helden Davids und ihre Taten (8)

24 David läßt die wehrfähigen Männer Israels zählen; die Strafe trifft das Volk (1)
Davids Opfer auf dem späteren Tempelplatz bringt das Ende der Seuche (16)

Wichtiges in Kürze

Entstehung: s. Deuteronomistisches Geschichtswerk S. 34; Abtrennung von 1.Samuel erst durch Septuaginta
Quellen: Geschichtswerke vom Aufstieg Davids und der Thronfolge Davids; Einzelüberlieferungen
Theologische Motive:
- Erbliches Königtum der Davidsdynastie (7)
- Davids Frömmigkeit (6,13-22; 7,17-29; 15,25-26; 16,9-12; 24,10-14) und seine Fehlbarkeit (11–12)

Merkstoff:
- David erobert Jerusalem (5); Überführung der Bundeslade (6)
- Natansverheißung (7); David und Batseba (11–12)
- David erwirbt den Tempelplatz (24)
- Davids Klagelied um Jonatan (1)

DAS 1. BUCH DER KÖNIGE (1Kön)

A.	Salomos Krönung und Davids Tod	1–2
B.	Salomos Königtum und der Bau des Tempels	2–11
2	Sicherung der Herrschaft Salomos	
3	Salomos Traum in Gibeon und salomonisches Urteil	
4–5	Salomos Hofstaat und Verwalter	
5–7	Bau von Tempel und Palast	
8	Einweihung des Tempels	
9	Salomos Bautätigkeit und Handelsflotte	
10	Besuch der Königin von Saba	
11	Salomos Götzendienst und Aufstand Jerobeams	
C.	Reichsteilung und Geschichte der getrennten Reiche Israel und Juda	12–16
12–14	Zerfall der Reichseinheit; Jerobeams Götzendienst	
15–16	Von Jerobeam bis Omri	
D.	König Ahab und der Prophet Elija	16–22
16–18	Elijas Kampf gegen den Baalskult Isebels	
19	Elija am Gottesberg; Berufung Elischas	
20	Syrerkämpfe	
21	Nabots Weinberg	
E.	Weitere Geschichte der getrennten Reiche	22

A. Salomos Krönung und Davids Tod (1,17–2,12)

1 Davids Gebrechlichkeit; Adonijas Putschversuch (1)
Natan und Batseba erwirken von David die Bestellung Salomos zu seinem Nachfolger (11)
Adonija gibt auf und wird von Salomo begnadigt (41)
2 Letzte Anordnungen Davids (1)

B. Salomos Königtum und der Bau des Tempels (2,13–11,43)

2 Salomo beseitigt Adonija (13), Joab und Schimi (26)
3 Heirat der ägyptischen Prinzessin (1)
Salomos Traum in Gibeon (2)
Das salomonische Urteil (16)
4 Salomos oberste Beamte (1); die Verwalter seiner zwölf Provinzen (7)

5 Salomos Hofhaltung (1) und Weisheit (9)
Vertrag mit Hiram von Tyrus zur Vorbereitung des Tempelbaus (15)
6 Bau und Ausstattung des Tempels (1)
7 Bau der Palastgebäude (1)
Bronzegeräte für den Tempel (13; das »Meer« 23)
8 Einzug der Bundeslade in das Allerheiligste (1)
Salomos Gebete zur Einweihung des Tempels (14)
Feier der Einweihung durch Festopfer (62)
9 Gott erscheint Salomo: Bestätigung und Warnung (1)
Abtretung galiläischer Städte an Hiram (10)
Weitere Bautätigkeit (15); Handelsflotte (26)
10 Besuch der Königin von Saba (1)
Salomos Handel, Reichtum und Pracht (14)
11 Salomos 1000 Frauen; die Ausländerinnen verführen ihn zum Götzendienst (1)
Gott erweckt Salomo Feinde (14); Zeichenhandlung des Propheten Ahija: zehn Teile von zwölf für Jerobeam (26)
Ende der Regierung Salomos (41)

C. Reichsteilung und Geschichte der getrennten Reiche (12,1 – 16,28)

12 Salomos Nachfolger Rehabeam brüskiert die Nordstämme; sie sagen sich vom Davidshaus los (1)
Gott untersagt die Rückeroberung des Nordens (21)
Jerobeam König im Nordreich. Die »Sünde Jerobeams«: Goldene Kälber in Bet-El und Dan (25)
13 Ein Prophet aus Juda kündigt die Entweihung von Jerobeams Altar durch den Davididen Joschija an (1)
Ein Prophet aus Bet-El verleitet den Propheten aus Juda zum Ungehorsam (11)
14 Der Prophet Ahija kündigt Jerobeam und dem Reich Israel den Untergang an (1)
Rehabeam und der Feldzug des Pharao Schischak (21)
15 Reich Juda: Abija, Asa (1)
Reich Israel: Nadab, Ende der Dynastie Jerobeams (25)
16 Dynastie Bascha in Israel: Bascha und Ela (15,33; 16,1)
Dynastie Omri in Israel: Omri (15)

D. König Ahab und der Prophet Elija (16,29 – 22,40)

16 Dynastie Omri: Ahab und Isebel (29)
17 Ankündigung der großen Dürre (1)
Elija wird versorgt: von den Raben (2) und der Witwe, deren Mehl und Öl nicht ausgeht (8)
Erweckung des Sohnes der Witwe vom Tod (17)

18 Elija stellt sich dem König (1)
Baal oder der HERR: Gottesurteil auf dem Karmel (16)
Ende der Dürre (41)

19 Elijas Flucht, Stärkung durch den Engel, Gottesoffenbarung im »sanften Sausen« auf dem Horeb (1)
Aufträge an Elija, Berufung Elischas (15)

20 Kämpfe Ahabs mit Ben-Hadad von Damaskus (1)

21 Ahab bringt mit Isebels Hilfe Nabots Weinberg an sich (1); Elija kündigt die Strafe an (17)

22 Feldzug der Könige von Israel und Juda gegen Ramot-Gilead; Befragung der Propheten; Michas abweichende Auskunft (1)
Michas Prophetie geht in Erfüllung: Tod des Königs (29)
Ende der Regierung Ahabs (39)

E. Weitere Geschichte der getrennten Reiche (22,41-54)

22 König Joschafat von Juda (41)
König Ahasja von Israel (52)

Wichtiges in Kürze

Enstehung: s. Deuteronomistisches Geschichtswerk S. 34
Quellen: Thronfolgeerzählung, Annalen und Prophetenüberlieferungen (17–22)
Theologische Motive:
- Salomos Abfall zum Götzendienst bringt Unglück: Reichstrennung (11,1-13.30-36)
- Die »Sünde Jerobeams« legt den Keim zum Untergang des Nordreichs (12,26-32; vgl. o.S. 34)
- Theologische Beurteilung der Könige (15,3.11.26.34 usw.)
- Salomo als Urbild der Weisheit (3,10-12.16-28; 5,9-14; 10,1ff)
- Entscheidung zwischen Baal und Jahwe (17–18)

Merkstoff:
- Salomos Traum in Gibeon (3) und salomonisches Urteil (3)
- Tempelbau (6) und Tempelweihgebet (8)
- Besuch der Königin von Saba (10)
- Trennung von Israel [Nordreich] und Juda [Südreich]; Könige: Jerobeam und Rehabeam (12); die »Sünde Jerobeams« (12,25ff)
- Gottesurteil auf dem Karmel (18); Gottesoffenbarung am Horeb (19)
- Berufung Elischas (19)
- Nabots Weinberg (21)

DAS 2. BUCH DER KÖNIGE (2Kön)

A.	Ende Elijas und Wirken Elischas	1–8
1	Elija und Ahasja	
2	»Himmelfahrt« Elijas	
3–8	Wirken Elischas in der Politik und unter den Prophetenjüngern	
B.	Weitere Geschichte der getrennten Reiche Israel und Juda	8–16
9–10	Jehu in Israel	
11	Atalja in Juda	
12–15	Könige von Israel und Juda	
16	Ahas von Juda ruft die Assyrer	
C.	Untergang des Nordreiches Israel	17
D.	Weitere Geschichte des Reiches Juda bis zum Untergang	18–25
18–20	Hiskija und die Rettung Jerusalems vor Sanherib	
21	Manasse und sein Götzendienst	
22–23	Joschija/Josia und seine Kultreform	
24–25	Jojakim, Jojachin, Zidkija/Zedekia – zweimalige Einnahme Jerusalems und Deportationen	

A. Ende Elijas und Wirken Elischas (1,1–8,15)

1 Reich Israel: Elija kündigt König Ahasja sein Ende an (1)

2 Gott holt Elija zu sich: »Himmelfahrt« Elijas (1)
Elischa als Elijas Nachfolger bestätigt (12)
Elischa erweist seine Vollmacht: Gesundes Wasser und gewaltsames Ende der spottenden Knaben (19)

3 Reich Israel: König Joram (1). Kriegszug gegen die Moabiter: Elischa rettet das Heer vor dem Verdursten (4); der Moabiterkönig opfert seinen Erstgeborenen (26)

4 Elischa hilft einer Witwe durch das Ölwunder (1)
Elischa verspricht der Frau von Schunem einen Sohn und erweckt ihn wieder zum Leben (8)
Elischa macht das giftige Gemüse genießbar (38) und sättigt hundert Mann mit ein paar Broten (42)

5 Elischa heilt den Aussatz des Aramäers Naaman (1); der Aussatz trifft den habgierigen Diener Gehasi (20)

6 Elischa bringt die verlorene Axt zum Schwimmen (1)
Elischa führt ein feindliches Heer in Blindheit nach Samaria (8) und sagt der belagerten Stadt das Ende der Hungersnot voraus (24; 7,1)

7 Die Belagerer lassen Proviant in Fülle zurück (3)
8 Elischa verhilft der Frau von Schunem zu ihrem Grundbesitz (1)
Elischa prophezeit Hasaël, daß er König der Aramäer wird (7)

B. Weitere Geschichte der getrennten Reiche Israel und Juda (8,16–16,20)

8 Reich Juda: Joram. Die Edomiter erringen die Freiheit (16)
Ahasja zieht mit Joram von Israel in den Krieg (25)
9 Reich Israel: Elischa läßt Jehu zum König salben (1)
Jehu tötet Joram, Ahasja, Isebel; Ende der Dynastie Omri (14)
10 Jehu läßt Ahabs siebzig Söhne töten (1) und rottet die Anhänger Baals aus (18)
Verlust des Ostjordanlandes an den Aramäer Hasaël; Jehus Tod (28)
11 Reich Juda: Atalja, eine Ahabstochter, regiert als Königinmutter und rottet die Thronanwärter aus (1); der Priester Jojada erhebt den überlebenden Joasch zum König (4)
12 Joasch läßt den Tempel ausbessern (1)
13 Reich Israel: Joahas und Joasch (1)
Der sterbende Elischa prophezeit Joasch einen Sieg über die Aramäer (14; 25); die Berührung mit Elischas Leichnam macht einen Toten lebendig (20)
14 Reich Juda: Amazja besiegt die Edomiter und fordert Joasch von Israel heraus; seine Niederlage (1); Tod durch Verschwörer (19)
Reich Israel: Jerobeam II. (23)
15 Reich Juda: Asarja = Usija, sein Aussatz (1)
Reich Israel: Secharja; Ende der Dynastie Jehu (8)
Reich Israel: Schallum, Menahem, Pekachja, Pekach (13)
Reich Juda: Jotam (32)
16 Reich Juda: Ahas ruft gegen Rezin [Aram] und Pekach [Israel] den Assyrerkönig Tiglat-Pileser zu Hilfe (1); neuer Altar nach assyrischem Muster (10)

C. Untergang des Nordreiches Israel (Kap 17)

17 Reich Israel: Hoschea. Eroberung Samarias durch Salmanassar und Deportation der Oberschicht nach Assyrien (1)
Untergang Israels die Strafe für seinen Götzendienst (7)
Ansiedlung fremder Völker in Samarien; Entstehung der Samariter/Samaritaner (24)

D. Weitere Geschichte des Reiches Juda bis zum Untergang (18–25)

18 Hiskija beseitigt den Götzendienst (1)
Sanherib belagert Lachisch; Hiskija zahlt einen Tribut (13)

Die Assyrer fordern Hiskija zur Übergabe auf (17)
19 Hiskija sendet zu Jesaja (1); der Prophet antwortet mit einem Spottlied auf Sanherib (20); Abzug der Assyrer (32)
20 Hiskijas Krankheit und Genesung (1)
Hiskija empfängt die Gesandtschaft des Königs von Babylon; Gott antwortet mit Ankündigung der Verschleppung nach Babylon (12)
21 Manasses Götzendienst und Übeltaten (1); Amon (19)
22 Joschija/Josia: Auffindung des Gesetzbuches (1); Befragung der Prophetin Hulda (11)
23 Verpflichtung des Volkes auf das Gesetz (1); Reinigung des Tempels und Jerusalems vom Götzendienst (4-7.10-14); Entweihung der Opferstätten im Land; Landpriester nach Jerusalem (8-9)
Zerstörung der Opferstätten im Gebiet Samariens (15)
Erstes gemeinsames Passafest in Jerusalem (21)
Joschija kann die Katastrophe nicht abwenden (24); sein Ende bei Megiddo (28)
Pharao Necho setzt Joahas ab und Jojakim als König ein (31)
24 Dessen Nachfolger Jojachin fällt von Nebukadnezzar ab (1)
Einnahme Jerusalems und erste Deportation nach Babylon (8)
Zidkija/Zedekia fällt von Nebukadnezzar ab (18)
Belagerung und Eroberung Jerusalems, Zerstörung des Tempels; zweite Deportation nach Babylon (1)
Ermordung des Statthalters Gedalja; Flucht nach Ägypten (22)
Ewil-Merodach begnadigt Jojachin (27)

Wichtiges in Kürze

Entstehung: s. Deuteronomistisches Geschichtswerk S. 34;
Abtrennung von 1.Könige erst durch Septuaginta
Quellen: Prophetenüberlieferungen, Annalen
Theologische Motive:
- o Der Prophet Elischa als »Streitwagen Israels« (13,14; 3,9ff; 5,1ff; 6,8–7,20)
- o Schuldaufweis für den Untergang Samarias (17) und Jerusalems (21,10ff; 24,3f)

Merkstoff:
- Elijas Himmelfahrt (2)
- Revolution Jehus (9–10)
- Ende des Nordreichs, assyrische Gefangenschaft (17); Entstehung der Samaritaner (17)
- Rettung Jerusalems vor Sanherib (18–19)
- Auffindung des Gesetzbuchs und Reform Joschijas (22–23)
- Erste (24) und zweite Deportation (25); Zerstörung Jerusalems und des Tempels (25)

DAS CHRONISTISCHE GESCHICHTSWERK

Die beiden Chronikbücher enthalten eine jüngere und deutlich neu akzentuierte Darstellung des im Deuteronomistischen Geschichtswerk abgehandelten Geschichtsverlaufs. Unter Ausblendung der Geschichte des untergegangenen Nordreichs Israel fällt der Blick allein auf Juda/Jerusalem und die dort regierende Davidsdynastie.

Die Bücher Esra und Nehemia, mit denen die Schilderung über die Zerstörung Jerusalems und das Exil hinaus fortgesetzt wird (vgl. die Nahtstelle 2Chr 36,22-23 / Esr 1,1-4; trotz der umgekehrten Abfolge im hebräischen Text darf die Zusammengehörigkeit vorausgesetzt werden), offenbaren den Standort dieser Geschichtsschreibung innnerhalb der nachexilischen Gemeinde in Juda: In dieser Gemeinde setzt sich die Linie der Geschichte Israels seit David (1Chr 11) fort – einer Geschichte, die in einer Art genealogischem »Vorbau« sogar bis auf den Schöpfungsbeginn mit dem ersten Menschen Adam zurückgeführt wird (1Chr 1–9). Die Verfasser des Chronistischen Geschichtswerks verstehen sich in Abgrenzung von den Samaritanern auf dem Boden des ehemaligen Nordreichs als die legitimen Erben der Geschichte und Verheißungen des Gottesvolks.

Der theokratische Charakter der nachexilischen Gemeinde spiegelt sich in dem ausgedehnten Interesse am Tempel und seinem Gottesdienst. Beide gehen nach der chronistischen Darstellung bis auf David zurück, der alles schon bis ins kleinste für den Tempelbau seines Sohnes Salomo vorbereitet hat (1Chr 21–29). Besonders gewürdigt werden deshalb auch die Könige, die sich um den Tempel und die Reinheit des Gottesdienstes verdient gemacht haben: Hiskija und Joschija (2Chr 29–35).

Die Chronikbücher setzen für ihren »Vorbau« den Pentateuch voraus und basieren für die Geschichtsdarstellung weitgehend auf den Samuel- und Königsbüchern. Neuland betreten die Bücher Esra und Nehemia. Das Esrabuch berichtet vom Neubeginn nach dem Exil in zwei Stadien:

1. Auf Anordnung des Perserkönigs Kyrus kehrt 538 v. Chr. eine Gruppe von Judäern nach Jerusalem zurück und baut trotz großer Schwierigkeiten den Tempel wieder auf (Esr 1–6).

2. Rund 80 Jahre später kommt der Priester und Gesetzeslehrer Esra im Auftrag des Perserkönigs Artaxerxes I. mit einer weiteren Gruppe von Judäern nach Jerusalem, um das Leben der Kultgemeinde nach dem Gesetz Moses zu ordnen (Esr 7–10; weitergeführt in Neh 8–10).

Dreizehn Jahre nach Esra – nach geschichtlichen Indizien war die Abfolge möglicherweise auch umgekehrt – wird Nehemia als persischer

Kommissar nach Jerusalem entsandt; über seine Tätigkeit legt er Rechenschaft ab in den sog. »Nehemia-Memoiren« (Neh 1–7; 12–13).

Abgefaßt ist das Geschichtswerk zwischen 400 und 180 v. Chr.

DAS 1. BUCH DER CHRONIK (1Chr)

A. Von Adam bis Saul: Abstammungslisten	1–9
B. Das Königtum Davids	10–20
C. Vorbereitung des Tempelbaus durch David	21–29

A. Von Adam bis Saul: Abstammungslisten (1–9)

1 Von Adam bis Noach (1); Nachkommen der Noachsöhne (5); von Sem bis Abraham (24); Nachkommen Abrahams (28)
Könige von Edom (43)
2 Die Söhne Israels = Jakobs (1)
Nachkommen Judas bis Hezron (3) und der Hezronsöhne Ram, Kaleb, Jerachemeel (10)
3 Nachkommen Davids (1)
4 Nachkommen Judas über Perez; einzelne Sippen (1)
Nachkommen Simeons (24)
5 Nachkommen Rubens, Gads und Halbmanasses (1)
Nachkommen Levis, priesterliche Linie (27)
6 Nachkommen Levis, levitische Linien (1)
Die levitischen Sängerfamilien (16)
Wohnsitze der Priester und Leviten (39)
7 Nachkommen von Issachar (1), Benjamin (6), Naftali (13), Halbmanasse (14), Efraim (20), Ascher/Asser (30)
8 Nochmals Nachkommen Benjamins (1)
9 Bewohner Jerusalems nach dem Exil (1). Ämter der Leviten (22)
Vorfahren und Nachkommen von König Saul (35)

B. Das Königtum Davids (10–20)

10 Sauls Ende (1)
11 David König über Israel (1); Eroberung und Ausbau Jerusalems (4)
Helden Davids und deren Taten (10)
12 Davids Kampfgenossen in Ziklag (1), sein Heer in Hebron (24)
13 David holt die Bundeslade aus Kirjat-Jearim, sie bleibt bei Obed-Edom (1)

14 Davids Freundschaft mit Hiram von Tyrus (1)
Davids Söhne (3); seine Siege über die Philister (8)
15 Vorbereitung der Priester und Leviten für die Einholung der Bundeslade (1); ihr Transport nach Jerusalem (25)
16 Aufstellung der Lade und Ordnung ihres Dienstes (1)
Davids Danklied (7)
Ordnung des Gottesdienstes in Jerusalem und Gibeon (37)
17 Natansverheißung vom ewigen Bestand des Königshauses David (1); Davids Dankgebet (15)
18 David unterwirft die Nachbarvölker und weiht Gott die Kriegsbeute (1)
Davids oberste Beamte (14)
19 Davids Sieg über die Ammoniter und Aramäer (1)
20 Eroberung der Ammoniterhauptstadt Rabba (1)
Heldentaten der Krieger Davids in den Philisterkämpfen (4)

C. Vorbereitung des Tempelbaus durch David (21–29)

21 David, vom Satan versucht, läßt die wehrfähigen Männer Israels zählen; die Strafe trifft das Volk (1)
David erwirbt den Dreschplatz Araunas, den späteren Tempelplatz, und opfert dort (16)
22 David bestimmt den Platz für den Tempel (1); Vorbereitungen für den Tempelbau und Auftrag an Salomo (2)
23 Dienstgruppen und Ämter der Leviten (1)
24 Die vierundzwanzig Dienstgruppen der Priester (1). Levitensippen (20)
25 Die vierundzwanzig Dienstgruppen der Sänger (1)
26 Torwächter (1), Schatzmeister (20), Amtleute (29)
27 Befehlshaber der zwölf Heeresabteilungen (1); Führer der Stämme (16); Verwalter des königlichen Besitzes (25); Vertraute Davids (32)
28 David stellt dem Volk Salomo als Nachfolger und Bauherrn des Tempels vor (1) und übergibt Salomo Baupläne und Anweisungen für den Tempel (11)
29 Spenden für den Tempelbau (1). Davids Dankgebet (10)
Salomos Thronbesteigung (21), Davids Tod (26)

Wichtiges in Kürze

Entstehung: s. Chronistisches Geschichtswerk S. 54
Quellen: Pentateuch, 1. und 2. Samuel
Theologisches Profil:
- Idealisierung Davids (Auslassung von 2Sam 11–20)
- Rückführung von Tempelbau und -dienst auf David (21–29)

Merkstoff:
- Dienstgruppen der Priester (24)

DAS 2. BUCH DER CHRONIK (2Chr)

A. König Salomo und der Tempelbau (1–9)

1 Salomos Opfer und Bitte um Weisheit (1); seine Macht und sein Reichtum (14)
2 Vorbereitungen für den Tempelbau; Vertrag mit Hiram von Tyrus (1)
3 Bau des Tempels (1); die beiden Säulen (15)
4 Ausstattung des Tempels; Liste der Geräte (1)
5 Einzug der Bundeslade in das Allerheiligste (1)
6 Salomos Gebet zur Einweihung des Tempels (1)
7 Feier der Einweihung durch Festopfer; Laubhüttenfest (1)
Gott erscheint Salomo: Bestätigung und Warnung (11)
8 Salomos weitere Bautätigkeit (1); Ordnung des Tempeldienstes (12)
Salomos Handelsflotte (17)
9 Besuch der Königin von Saba (1).
Salomos Handel, Reichtum und Pracht (12)
Salomos Tod (29)

B. Geschichte der Könige von Juda (10–28)

10 Salomos Nachfolger Rehabeam brüskiert die Nordstämme; sie sagen sich vom Davidshaus los (1; 11,1)
11 Rehabeams Festungsbauten (5)
Priester und Leviten aus Israel siedeln nach Juda über (13)
12 Der Einfall des Pharao Schischak (1)
13 Abijas Sieg über Jerobeam (1)
14 Asas Sieg über den Kuschiter Serach (1)
15 Asa erneuert den Bund mit Gott (1)
16 Asas Krieg mit Bascha von Israel (1); Kritik des Propheten Hanani und Asas Krankheit (7)
17 Joschafats Macht und Vorbildlichkeit; Unterweisung des Volkes im Gesetz (1)
Joschafats Einfluß und sein Heer (10)
18 Gemeinsamer Feldzug mit Ahab von Israel gegen Ramot-Gilead; Befragung der Propheten; Michas Prophetie geht an Ahab in Erfüllung (1); Joschafat vom Propheten Jehu getadelt (19,1)
19 Joschafat ordnet das Rechtswesen (4)
20 Joschafats Sieg über Ammoniter, Moabiter und Edomiter (1)
Gesamturteil; Scheitern des Flottenunternehmens mit Ahasja von Israel (31)
21 Joram. Die Edomiter erringen die Freiheit (1)
Jorams Götzendienst und böses Ende; Brief des Propheten Elija (11)
22 Ahasja verbündet sich mit Joram von Israel, von Jehu getötet (1)
Der Prinz Joasch wird vor Atalja gerettet (10)
23 Der Priester Jojada erhebt Joasch zum König; Ataljas Ende (1)
24 Joasch renoviert den Tempel (1)
Götzendienst in Juda nach Jojadas Tod; Steinigung des Propheten Secharja (17)
Niederlage gegen die Aramäer, Verschwörung gegen Joasch (23)
25 Amazjas Sieg über die Edomiter (1) und Niederlage gegen Joasch von Israel (17); Ende durch Verschwörer (25)
26 Usija (= Asarja), seine Macht und sein Reichtum (1)
Usijas eigenmächtiges Räucheropfer und sein Aussatz (16)
27 Jotam. Unterwerfung der Ammoniter (1)
28 Ahas. Niederlage gegen Aram und Israel (1); auf prophetische Intervention gibt Israel die Gefangenen frei (9)
Ahas ruft Tiglat-Pileser zu Hilfe und schließt den Tempel (16)

C. Die Reformen Hiskijas und Joschijas/Josias (29–35)

29 Hiskijas Reform: Reinigung (1) und Wiedereinweihung (20) des Tempels
30 Hiskija lädt den Rest Israels zum Passa nach Jerusalem (1); das vorschriftsmäßige Passafest (13)

31 Hiskija ordnet den Tempeldienst (1)
32 Belagerung Jerusalems durch Sanherib und wunderbare Errettung (1)
Hiskijas Heilung und Überheblichkeit; seine Regierungsmaßnahmen (24)
33 Manasses Götzendienst und Verschleppung nach Babylon (1), seine Beugung unter Gott und Wiedereinsetzung (12). Amon (21)
34 Joschijas/Josias Reform: Beseitigung des Götzendienstes in ganz Israel (1)
Reinigung des Tempels und Auffindung des Gesetzbuches (8); Befragung der Prophetin Hulda (19)
Verpflichtung des Volkes auf das Gesetz (29)
35 Joschija feiert das Passafest mit ganz Israel in Jerusalem (1)
Joschijas Ende im Kampf gegen Pharao Necho (20); die Klage um Joschija (25)

D. Ende des Reiches Juda (Kap 36)

36 Joahas, Jojakim, Jojachin (1)
Zidkija/Zedekia (11). Ende des Reiches Juda und Wegführung nach Babylon (13); Erfüllung der Prophetie Jeremias (21)
Kyrusedikt: Aufforderung zur Rückkehr nach Jerusalem und zum Tempelbau (22)

Wichtiges in Kürze

Entstehung: s. Chronistisches Geschichtswerk S. 54
Quellen: 1. und 2. Könige, zusätzliche Informationen über Kriege und Wehrbauten
Theologisches Profil:
- Konzentration auf Juda; Schwerpunkt: Gottesdienstreformer (29–35)
- Idealisierung Salomos (Auslassung von 1Kön 1 u.11); Buße Manasses (33,12ff)
- Prophetenauftritte (12,5f; 15,1-7; 16,7-10; 21,12-15; 25,14-16)

Merkstoff:
- Festungsbauten Rehabeams (11); Einfall des Pharao Schischak (12)
- Joschafats Ordnung des Rechtswesens (19)
- Usijas Regierung und Aussatz (26)
- Hiskijas Reform: Tempelweihe (29) und Passa (30)
- Manasses Umkehr (33)
- Joschija: Auffindung des Gesetzbuches (34) und Passa (35)

DAS BUCH ESRA (Esra)

A. Heimkehr aus dem Exil und Wiederaufbau des Tempels		1–6
1–2	Kyrusedikt und Heimkehr	
3	Altarbau und Grundsteinlegung des Tempels	
4–5	Konflikt mit den Samarit(an)ern	
6	Vollendung des Tempelbaus	
B. Entsendung Esras und Auflösung der Mischehen		7–10
7–8	Esras Entsendung und Reise	
9–10	Die Scheidung der Mischehen	

A. Heimkehr aus dem Exil und Wiederaufbau des Tempels (1–6)

1 Kyrusedikt: Aufforderung zur Heimkehr und zum Tempelbau (1); Aufbruch; Rückgabe der Tempelgeräte (5)
2 Liste der Heimkehrer (1) und Spenden für den Tempelbau (68)
3 Altarbau und Aufnahme des Opferdienstes. Laubhüttenfest (1) Grundsteinlegung des Tempels (6)
4 Beteiligung der Samarit(an)er am Tempelbau von den Juden abgelehnt (1)
Anzeige beim Perserkönig, Unterbindung von Mauer- und Tempelbau (6)
5 Aufruf der Propheten Haggai und Sacharja zum Weiterbau des Tempels; Anfrage der samaritanischen Gegner bei Darius (1)
6 Auffindung des Kyrusedikts. Darius befiehlt den Gegnern die Förderung des Tempelbaus (1)
Vollendung des Tempels unter Darius (13); Feier des Passafestes (19)

B. Entsendung Esras und Auflösung der Mischehen (7–10)

7 Esra erhält Auftrag und Vollmacht von Artaxerxes (1); er preist Gott (27)
8 Verzeichnis der mit Esra Zurückkehrenden (1); Suche nach Leviten und Tempeldienern (15)
Reisevorbereitungen; das gestiftete Edelmetall (21); Ankunft in Jerusalem (31)
9 Esras Trauer und Bußgebet wegen der Mischehen (1)
10 Auflösung der Mischehen (1); Liste der betroffenen Männer (18)

Wichtiges in Kürze

Entstehung: s. Chronistisches Geschichtswerk S. 54
Quellen: Aramäische Chronik (4,6 – 6,18), Esramemoiren (?), Listen
Theologisches Profil:

- Gelingen des Tempelbaus trotz Gegnerschaft durch Beistand Gottes und der Perserkönige (1–6)
- Reinigung des Gottesvolkes von Fremdeinflüssen (Mischehen; 9–10)

Merkstoff:

- Vollendung des Zweiten Tempels (6)
- Mischehenverbot (9–10)

DAS BUCH NEHEMIA (Neh)

A.	Nehemias Entsendung und Wiederaufbau der Stadtmauer	1–7
1–2	Nehemias Beauftragung und Ankunft in Jerusalem	
3–7	Bau der Stadtmauer trotz Störungsversuchen	
B.	Verpflichtung auf das Gesetz durch Esra	8–10
C.	Einweihung der Stadtmauer und Reformen Nehemias	11–13
11	Einwohner Jerusalems	
12	Einweihung der Mauer	
13	Maßnahmen Nehemias	

A. Nehemias Entsendung und Wiederaufbau der Stadtmauer (1–7)

1 Nehemias Trauer über den Zustand Jerusalems (1)
2 Nehemia erhält von Artaxerxes die Vollmacht zur Wiederherstellung der Mauer Jerusalems (1)
Er gewinnt den Rat der Stadt für sein Vorhaben (11)
3 Bauabschnitte und die jeweils verantwortlichen Bauleute (1)
Spott der Gegner in Samaria (33)
4 Pläne der Gegner durch Wachsamkeit vereitelt; Mauerbau im Schutz der Waffen (1)
5 Verschuldung der kleinen Leute. Von Nehemia erwirkter allgemeiner Schuldenerlaß (1)
Nehemias Unterhaltsverzicht und Uneigennützigkeit (14)
6 Nehemia entgeht den ihm gestellten Fallen (1)
Vollendung der Stadtmauer (15); Judäer, die mit den Gegnern zusammenarbeiteten (17)

7 Ordnung für die Schließung und Bewachung der Stadttore (1)
Liste der aus Babylon Heimgekehrten (4); Spenden für den Tempelbau (69)

B. Verpflichtung auf das Gesetz durch Esra (8–10)

8 Esra verliest das Gesetzbuch vor dem Volk; Aufforderung zur Freude und Feier (1)
Feier des Laubhüttenfestes (13)
9 Bußfeier: Schuldbekenntnis des Volkes (1); Geschichtsrückblick durch die Leviten, Schuldbekenntnis und Hilferuf (6)
10 Unterzeichner der Verpflichtungsurkunde (1); Wortlaut der Verpflichtung (31)

C. Einweihung der Stadtmauer und Reformen Nehemias (11–13)

11 Zuzug nach Jerusalem und Liste der Einwohner (1); Wohnorte außerhalb Jerusalems (25)
12 Liste der heimgekehrten Priester und Leviten (1); Oberhäupter der Priester- und Levitensippen (12)
Einweihung der Stadtmauer (27)
Abgaben zur Versorgung der Priester und Leviten (44)
13 *Reformen Nehemias:*
Ausschluß von Fremden (1)
Verjagung Tobijas aus dem Tempel (4)
Sicherstellung der Versorgung der Leviten (10)
Maßnahmen zur Heiligung des Sabbats (15)
Vorgehen gegen Mischehen (23)
Schlußwort Nehemias (30)

Wichtiges in Kürze

Entstehung: s. Chronistisches Geschichtswerk S. 54
Quellen: Nehemiadenkschrift, Listen
Profil:
- Rechtfertigung Nehemias angesichts seiner Gegner, Sicherung seines Nachruhms, Bitte um göttliche Vergeltung (5,19; 6,14; 13,14.22.29.31)

Problem: Einordnung Nehemias vor Esra?
Merkstoff:
- Nächtlicher Ritt Nehemias um Jerusalem (2)
- Bauliste (3); Vollendung (6) und Einweihung (12) der Stadtmauer

DAS BUCH ESTER (Est)

1 König Xerxes (Ahasveros) verstößt seine Gemahlin Waschti, weil sie ihm nicht gehorcht (1)
2 Der König sucht eine neue Gemahlin und wählt die Jüdin Ester (1)
Esters Pflegevater Mordechai deckt eine Verschwörung gegen den König auf (19)
3 Mordechai weigert sich, vor Haman aufzustehen (1)
Aus Rache plant Haman die Ausrottung der Juden (7)
4 Mordechai drängt Ester, sich beim König zu verwenden (1)
5 Der König gewährt Ester eine Bitte; sie lädt ihn und Haman zu einem Mahl (1)
6 Haman beschließt, Mordechai hängen zu lassen und errichtet einen Galgen (9)
7 Ester enthüllt dem König Hamans Plan; Haman kommt an den selbst errichteten Galgen (1)
8 Der König gibt Ester und Mordechai Vollmacht (1); Mordechais Erlaß zum Selbstschutz der Juden (9)
9 Die Juden kommen ihren Feinden zuvor (1)
Einsetzung des Purimfestes [14. Adar; Anfang März] (20)
10 Mordechai als Stellvertreter des Königs und Helfer der Juden (1)

Wichtiges in Kürze

Entstehung: 4. oder 3. Jh. v. Chr.
Theologisches Profil:
- Das Purimfest als Selbstvergewisserung der bedrängten Juden
- Indirekte Darstellung von Gottes Geschichtslenkung (vgl. 4,14-16; 6,1-5; die Zusätze der griechischen Fassung meinten nachbessern zu müssen; s.u. S. 118)

Merkstoff:
- Einsetzung des Purimfestes (9)

WEISHEITSBÜCHER UND DICHTERISCHE SCHRIFTEN

DAS BUCH IJOB/HIOB

A.	Vorspiel im Himmel: Der Satan darf Ijob auf die Probe stellen	1–2
B.	Ijobs Auseinandersetzung mit den Freunden	2–28
	3 Ijobs Klage	
	4–14 Erster Redegang	
	15–21 Zweiter Redegang	
	22–27 Fragmentarischer dritter Redegang	
	28 Lied von der Weisheit	
C.	Ijob appelliert an Gott	29–31
	29–30 Klage und Zustandsschilderung	
	31 Reinigungseid	
D.	Die Reden des vierten Freundes Elihu	32–37
E.	Gottes Antwort und Ijobs Unterwerfung	38–42
F.	Nachspiel: Ijobs Fürbitte und neues Glück	42

A. Vorspiel im Himmel: Der Satan darf Ijob auf die Probe stellen (1–2)

1 Ijobs Rechtschaffenheit, Familienglück und Wohlstand (1)
Der Satan verdächtigt Ijob und darf ihn auf die Probe stellen (6)
Auf den Verlust seines Besitzes und seiner Kinder antwortet Ijob mit Gotteslob (13)

2 Verschärfte Erprobung durch Krankheit (1); gegen die Einflüsterungen seiner Frau besteht Ijob darauf, Böses wie Gutes aus Gottes Hand anzunehmen (9)

B. Ijobs Auseinandersetzung mit den Freunden (2–28)

2 Besuch der drei Freunde (11)
3 Ijobs Klage (1)
4–14 Erster Redegang:
4–5 *Elifas:* Der gerechte Ijob kann Hoffnung haben (4,1), aber kein Mensch ist schuldlos vor Gott (4,12). Aufbegehren ist sinnlos (5,1). »Selig der Mensch, den Gott in Zucht nimmt« (5,17)
6–7 *Ijob:* Klage; Enttäuschung über die Freunde (6,1). »Warum läßt Gott mich nicht in Ruhe?« (7,1) Er kann ihm doch höchstens unwissend begangene Sünden zur Last legen (7,20)
8 Bildad: Wenn du schuldlos bist, wirst du wieder Glück erleben (1)
9–10 *Ijob:* Ich bin im Recht, aber Gott ist der Stärkere (9,1); er will mich eben schuldig sehen (9,29). Appell an Gottes Großmut (10,1); Bitte, ihm Frieden zu gewähren (10,18)
11 *Zofar:* Gott erläßt dir sogar noch viel von der verdienten Strafe (1); wende dich zu Gott und von allem Bösen ab (13)
12–14 *Ijob:* Gott handelt in reiner Willkür (12,1). Nicht mit euch, sondern mit Gott rechte ich: »Du willst mich ja schuldig sehen (13,1), du läßt dem Menschen keine Hoffnung« (14,1)
15–21 Zweiter Redegang:
15 *Elifas:* Du sprichst dich selbst schuldig (1); kein Mensch ist schuldlos vor Gott (7); das verdiente Schicksal der Gottlosen (17)
16–17 *Ijob:* Klage (16,1). »Alle Menschen haben mich preisgegeben, Gott müßte mir Recht verschaffen« (16,17; 17,1); Hoffnungslosigkeit (17,11)
18 *Bildad:* Ein böser Mensch nimmt ein böses Ende (1)
19 *Ijob:* »Die Freunde und Nächststehenden sind meine Feinde geworden (1), aber Gott, mein ‘Löser’, lebt« (25)
20 *Zofar:* Das Glück der Bösen ist von kurzer Dauer (1)
21 *Ijob:* Die Erfahrung lehrt das Gegenteil! (1)
22–27 Dritter Redegang:
22 *Elifas:* Unterstellt Ijob konkrete Verfehlungen (1); Warnung und Aufforderung zur Umkehr (12)
23–24 *Ijob:* »Gott stellt sich mir nicht!« (23,1) Sehnsucht nach Gottes Gericht über die Unterdrücker (24,1); deren böses Ende (24,18)
25 *Bildad:* Wer kann vor Gott bestehen? (1)
26–27 *Ijob:* Gottes Macht und Größe sind unermeßlich (26,1). »Ich bestehe auf meiner Unschuld!« (27,1) Bestrafung der Gottlosen (27,11)
28 Lied von der Weisheit: Wo ist ihr Wohnsitz? (1)

C. Ijob appelliert an Gott (29–31)

29 Sein früheres Glück (1)
30 Sein jetziges Unglück (1)
31 Reinigungseid und Appell an Gott (1)

D. Die Reden des vierten Freundes Elihu (32–37)

32–33 *Erste Rede:* Zorn auf Ijob und seine Freunde (32,1). Gott schweigt nicht, sondern warnt die Menschen (33,1)

34 *Zweite Rede:* Der Richter der Welt begeht kein Unrecht (1)

35 *Dritte Rede:* Ijob redet im Unverstand! (1)

36–37 *Vierte Rede:* Gott, der unbestechliche Richter, warnt (36,1). Gottes Wunderwerke und seine Unbegreiflichkeit (36,22; 37,1)

E. Gottes Antwort und Ijobs Unterwerfung (38,1–42,9)

38–39 *Antwort Gottes* aus dem Gewittersturm (38,1): Will Ijob klüger sein als Gott? (38,2) Beispiele der Macht und Weisheit des Schöpfers (38,3; 39,1)

40–41 Gottes herausfordernde Frage und Ijobs Verstummen (40,1)
Zweite Antwort Gottes aus dem Gewittersturm: Kann sich Ijob mit Gott messen? (40,6) Behemot (40,15) und Leviatan (40,25; 41,1) als Beispiele für die Macht des Schöpfers

42 Ijobs Unterwerfung (1)

F. Nachspiel: Ijobs Fürbitte und neues Glück (42,10-17)

42 Ijobs Rechtfertigung durch Gott. Fürbitte für die Freunde (7) Wiederherstellung von Ijobs Gesundheit und Wohlstand; sein gesegnetes Ende (10)

Wichtiges in Kürze

Entstehung: 4. Jh. n. Chr.
Probleme:

- o Bringen die Gottesreden (38–41) eine Antwort auf die Leitfrage nach Gottes Gerechtigkeit? Führen sie über Ijobs Vorwurf in Kap 9 hinaus?
- o Der Streit zwischen Ijob und den Freunden dreht sich um Ijobs ganz konkrete Unschuld oder Schuld. Wird er durch das Hilfsargument von der allgemeinen Sündhaftigkeit der Menschen (4,12-21; 15,11-16; 25,1-6) gegenstandslos?
- o Spannungen zwischen »Rahmenerzählung« (1–2; 42) und Redenteil: Ist die Dialogdichtung, die vielleicht mit der Feststellung der unauflösbaren Rätselhaftigkeit von Gottes Handeln endete (38–39), durch die Rahmung zu einem Erweis der Gerechtigkeit Gottes geworden, der das Vergeltungsschema der Freunde bestätigt? Ist 21,7-33 vergessen?

Merkstoff:

- »Ich weiß, daß mein Erlöser [Löser] lebt« (19)
- Lied von der Weisheit (28)
- Ijobs Reinigungseid (31)
- Gottes Antwort aus dem Wettersturm (38–40); Ijobs Unterwerfung (42)

DIE PSALMEN – PSALTER (Ps)

Erstes Buch	1–41
Davidpsalmen (3–41)	
Zweites Buch	42–72
Korachpsalmen (42–49)	
Davidpsalmen (50–70)	
Drittes Buch	73–89
Korachpsalmen (84–85; 87–89)	
Asafpsalmen (50; 73–83)	
Viertes Buch	90–106
Fünftes Buch	107–150
Großes Hallel (111–118)	
Wallfahrtspsalmen (120–134)	
Kleines Hallel (146–150)	

Die fünf »Bücher« der Psalmen sind eine Sammlung von Gebeten bzw. Liedern, die ähnlich wie die fünf Mose-Bücher auf fünf Schriftrollen aufgeteilt wurden. Jedes »Buch« schließt mit einem kurzen Lobpreis Gottes (41,14; 72,18-19; 89,53; 106,48), der nicht dem voranstehenden Psalm zuzurechnen ist, und entsprechend schließt die ganze Sammlung mit dem Lobpsalm 150. Neben der Fünfteilung lassen sich noch Spuren kleinerer Sammlungen (s. die Übersicht oben) erkennen.

Die Psalmen gehen zurück auf Gebetsformulare, die ihren Ort im Gottesdienst Israels hatten; doch sind die überlieferten Psalmgebete vielfach und z.T. individuell variiert. Der »Psalter« ist deshalb auch nicht als gottesdienstliches Gebet- oder Liederbuch zu verstehen, sondern als Erbauungsbuch der Frommen. Als solches ist er im nachexilischen Juda (zwischen dem 4. und 1. Jh. n. Chr.) aus den genannten Sammlungen zusammengewachsen.

Zum Verständnis vieler Psalmen ist es jedoch hilfreich, den »Sitz im Leben«, die ursprüngliche Zugehörigkeit zu einer bestimmten gottesdienstlichen Situation, zu kennen. Unter diesem Gesichtspunkt werden die Psalmen bestimmten »Gattungen« zugeordnet; allerdings sind die Grenzen oft fließend. Typische Beispiele der einzelnen Gattungen:

Lobpsalmen

- Berichtende Lobpsalmen des Volkes: 114, 124, 129
- Berichtende Lobpsalmen des Einzelnen: 30, 107, 118
- Beschreibende Lobpsalmen / Hymnen: 33, 100, 148
  als Schöpfungspsalmen: 8, 19A, 104

Klagelieder des Volkes

- bei Katastrophen und Feindesnot: 80, 83, 90
- im Blick auf den Untergang Jerusalems 587 v. Chr.: 74, 79, 137

Klagelieder des Einzelnen

- bei Krankheit und Unglück: 13, 22, 130
- bei Anfeindung und falscher Anklage: 7, 17, 35

Vertrauenslieder: 16, 23, 62

Weisheitliche Lehrgedichte

- vom richtigen Leben (Torapsalmen): 1, 19B, 119
- vom Ende der Gottesfeinde (d.h. der gerechten Vergeltung): 37, 73

Besondere Gruppen

- Zionslieder: 46; 48; 87
- Geschichtspsalmen: 78, 105, 106
- Rachepsalmen: 109, 137
- Königspsalmen: 2, 45, 72, 110
- Im Neuen Testament auf Christus gedeutet: 2, 22, 110

Zur Zählung der Psalmen

In Septuaginta und Vulgata (griechischer und lateinischer Übersetzung) findet sich eine abweichende Zählung der Psalmen. Psalm 11 wird dort noch zu Psalm 10 gezogen und Psalm 147 in zwei Psalmen zerlegt, demgemäß werden die Psalmen 12–147A als Psalmen 11–146 gezählt:

Sept./Vulg.	*Übrige*
10,1-18	10
10,19-25	11
11–145	12–146
146	147,1-11
147	147,12-20

DAS BUCH DER SPRICHWÖRTER/SPRÜCHE (Spr)

A. Lehrreden über Wert und Wesen der Weisheit (1–9)

1 Einleitung zum Buch der Sprüche (1); »Furcht des HERRN« als Anfang der Weisheit (7)
Warnung vor schlechtem Umgang (8)
Mahnrede der Weisheit (20)
2 Die Weisheit bewahrt vor dem Verderben (1)
3 Ermahnung zur Gottesfurcht (1). Wen Gott liebt, den züchtigt er (11). Segen der Weisheit (13)
4 Weisheit – der beste Erwerb (1), der sicherste Weg (10)
5 Warnung vor der fremden Frau (1)
6 Warnung vor Bürgschaft, Faulheit, Falschheit (1) und Ehebruch (16)
7 Die Verführungskünste der fremden Frau (1)
8 Selbstempfehlung der Weisheit (1); die Weisheit als erstes Werk Gottes (22); Wahl zwischen Leben und Tod (32)
9 Weisheit (1) und Torheit (13) laden ein

B. Älteste Sammlung von »Sprüchen Salomos« (10,1–22,16)

10–12 Gegensätze: Weise – Toren; Gerechte – Frevler (»Gottlose«)
13–15 Ratschläge für ein weises Verhalten
16–22 Ermahnungen zu Gerechtigkeit und Güte

C. Lebenslehre nach ägyptischem Vorbild (22,17–24,34)

22–24 »Worte von Weisen«: Dreißig Ratschläge (22,17–24,22)
24 Weitere Sprüche von den »Weisen« (24,23-34)

D. Sammlung von »Sprüchen Salomos« durch die Männer Hiskijas (25–29)

25–27 Vergleichssprüche
28–29 Gegensatzsprüche

E. Weitere kleinere Sammlungen (30–31)

30 Die Worte Agurs (1)
Eine Sammlung von Zahlensprüchen (11)
31 Worte an Lemuël, von seiner Mutter (1)
Gedicht über die beispielhaft tüchtige Frau (10)

Wichtiges in Kürze

Entstehung: Ort Jerusalem; B und D Mitte bzw. Ende 8.Jh. v. Chr., C und E 7.Jh. v. Chr., A in nachexilischer Zeit
Theologisches Profil:
- Zunächst »untheologische« Lebenslehre (Erfahrungswissen) aus dem Umkreis der städtischen Oberschicht und des Königshofs; Ideal des maßvollen, selbstbeherrschten, tüchtigen und gerechten Menschen
- Nachexilisch Identifizierung der Weisheit mit dem Gesetz (Tora; vgl. Sir 24), des weisheitsgemäßen Verhaltens mit dem Gebotsgehorsam (»Gottesfurcht« 1,7; 9,10; 15,33; 23,17)

Merkstoff:
- »Die Furcht des HERRN ist der Anfang der Erkenntnis« (1,7)
- Selbstvorstellung der Weisheit (8); Weisheit und Torheit (9)
- »Tu deinen Mund auf für die Stummen« (31)
- Lob der tüchtigen Hausfrau (31)

DAS BUCH KOHELET/PREDIGER SALOMO (Koh; Pred)

A. Alles ist sinnlos, Gott unbegreiflich (1,1 – 3,15)

1 Überschrift (1)
Alles ist sinnlos; es gibt nichts Neues unter der Sonne (2)
Handeln, Wissen, Genießen – es führt zu nichts (12; 2,1)
2 Etwas vollbringen – es lohnt nicht (3)
Wissen erwerben – es lohnt nicht (12)
Das Beste ist Genießen, sofern Gott es zuläßt (24)
3 Alles hat seine Zeit, Gott hat sie bestimmt (1)

B. Ungerechtigkeiten und Sinnlosigkeiten (3,16 – 6,12)

3 Unrecht und Ausbeutung in der Welt (16; 4,1)
4 Sinn und Unsinn der Arbeit (4)
Zwei sind besser als einer (9)
Wankelmütige Volksgunst (13)
Sinn des Gottesdienstes (17)
5 Keine Geschwätzigkeit vor Gott; die Gelübde erfüllen; Unrecht nicht ableugnen (1)
Ein Mächtiger deckt den andern (7)
Nutzloser Reichtum (9)
Genießen als Gottesgeschenk (17)
6 Unsicherer Reichtum (1)
Gib dich zufrieden! (7)
Gott hat alles vorherbestimmt, sich aufzulehnen ist nutzlos (10)

C. Alte Weisheiten, neu gesehen (7–9)

7 Einzelsprüche (1)
Wert der Weisheit (11) – aber Gottes Tun bleibt unberechenbar (13)
Die gesunde Mitte zwischen Strenge und Laxheit (15)
Unter Tausend fand ich einen Menschen (27; 8,1)

8 Keine Auflehnung gegen den König (2)
Alles ist ungewiß, nur das Ende gewiß (5)
Verbrecher, denen es gutgeht, und Rechtschaffene, denen es schlechtgeht (9)
9 Alle müssen sterben, Gute und Böse (1). »Ein lebender Hund ist besser als ein toter Löwe« (4)
Fazit: Genieße das Leben! (7)

D. Einzelne Weisheitssprüche und Schlußbilanz (10–12)

10 Vermischte Lebensweisheiten (1)
11 Die Zukunft ist unberechenbar (1)
Genieße das Leben, solange du jung bist (7)
12 Bilder der Vergänglichkeit (1)
Schlußbilanz: Alles ist sinnlos (8)
Erstes Nachwort: Über den Verfasser (9)
Zweites Nachwort: Warnung vor Büchern und Grübelei; die Summe: »Fürchte Gott und halte seine Gebote« (12)

Wichtiges in Kürze

Entstehung: Juda/Jerusalem Mitte 3. Jh. v. Chr.
Theologisches Profil:
- Alles menschliche Streben ist von Vergeblichkeit gezeichnet (1,2; 3,9); auch die »Weisheit« kennt nicht den sicheren Weg zu Glück und langem Leben (2,12-16; 8,10.14; 9,11f). Gottes Wege sind unergründlich (8,17; 11,5), und am Ende steht in jedem Fall der Tod (3,19f; 9,10; 12,1-7)
- Der Mensch ist nicht Herr seines Schicksals (3,1-9; 7,13f), deshalb soll er Gott fürchten (3,14; 7,18) und das ihm gewährte Glück genießen (3,12f; 8,15; 9,7-9), solange dazu Zeit ist (11,9–12,7)

Merkstoff
- Nichts Neues unter der Sonne (1,9)
- Alles hat seine Zeit (3)
- Genieße dein Leben in der Jugend (11–12)

DAS HOHELIED SALOMOS (Hld)

1 Überschrift (1)
SIE: Du bist mein König (2)
SIE: Die Hüterin des Weinbergs (5)
SIE/ER: Die Hirtin (7)
ER/SIE [zweimal]: Gegenseitige Preisung der Liebenden (9)
2 SIE/ER/SIE: Lilie und Apfelbaum (1)
SIE: Krank vor Liebessehnsucht (4)
SIE/ER/MÄDCHEN/SIE: Frühlingserwachen (8)
3 SIE: Nachtgedanken (1)
ZUSCHAUER: Einzug des Bräutigams (6)
4 ER: Preislied an die Geliebte (1)
ER: Liebeszauber (9)
ER/SIE/ER: Der Liebesgarten (12; 5,1)
5 SIE/ER/SIE: Nachtgedanken (2)
SIE/MÄDCHEN [zweimal]: Beschreibung des Geliebten (8; 6,1)
6 ER: Preislied an die Geliebte (4)
ER/SIE: Erwartung (11)
7 MÄDCHEN/SIE/ER: Schulammits Hochzeitstanz (1)
ER/SIE: »Auf die Palme will ich steigen« (7)
SIE [zweimal]: Einladung (11; 14)
8 SIE: »Wärst du mein Bruder« (1)
SIE: Stark wie der Tod ist die Liebe (5)
DIE BRÜDER/SIE: Unsere Schwester ist noch zu jung (8)

Wichtiges in Kürze

Entstehung: 3. Jh. v. Chr.
Profil: Unbefangene dichterische Verherrlichung einer naturorientierten Lebens- und Liebesfreude ohne theologischen Hintergrund
Problem: Die Aufnahme in den Kanon – vielleicht wegen der Zuschreibung an Salomo (1,1) – hat zu allegorischen Deutungen der Liebesbeziehung herausgefordert (Gott-Israel; Christus-Kirche/Seele)
Merkstoff:
- Schulammits/Sulamits Hochzeitstanz (7)
- Stark wie der Tod ist die Liebe (8,6)

PROPHETISCHE SCHRIFTEN

DAS BUCH JESAJA (Jes)

I. Protojesaja: Der Prophet Jesaja — *1–39*

A. Worte über Juda und Jerusalem — 1–12

1–5	Gericht und Heil für Jerusalem
6–9	Berufung des Propheten; Zeit des Syrisch-efraimitischen Krieges
9–12	Heilsverkündigungen vom Friedenskönig

B. Gerichtsworte über Völker — 13–23

13	Babylon
14	Assyrien
15–16	Moab
17	Damaskus, Samaria
18–20	Kusch/Äthiopien und Ägypten
21	Babylon, Arabien
22	Jerusalem
23	Tyrus

C. Gericht über die Erde und Erlösung Israels (Jesaja-Apokalypse) — 24–27

D. Worte über Jerusalem — 28–35

28–31	Gerichtsworte (»Assyrischer Zyklus«)
32–35	Heilsworte

E. Geschichtlicher Anhang: Belagerung und Rettung Jerusalems — 36–39

II. Deuterojesaja: Trostworte für die Verbannten in Babylon — *40–55*

40–42	Trost- und Heilsworte; Klarstellungen *1. Gottesknechtslied* (42)
42–44	Heilsworte und Klarstellungen
44–45	Kyrus als Werkzeug Gottes
45–48	Sieg Gottes über die Götter der Völker

48–49 Israel als Licht der Völker; *2. Gottesknechtslied* (49)
49–50 Sammlung der Zerstreuten
50–52 Mahnung, Klage und Heilsankündigung
3. Gottesknechtslied (50)
52–53 Der leidende Gottesknecht: *4. Gottesknechtslied*
54–55 Das künftige Heil

III. Tritojesaja: Ausblick auf das kommende Heil in bedrängter Zeit *56–66*

56–58 Gerichtsworte; rechtes Fasten
59 Volksklage
60–62 Heilsworte für Jerusalem
63–64 Volksklage
65–66 Gericht und Heil

I. Protojesaja: Der Prophet Jesaja (1–39)

A. Worte über Juda und Jerusalem (1–12)

1 Buchüberschrift (1)

Gericht: Israel ist dümmer als Ochs und Esel (2)
Nur Jerusalem ist noch übrig, trotzdem keine Umkehr (5)
Opfer ohne Rechttun sind sinnlos (10)
Jerusalem als »Hure« (21)
2 *Heil:* Gottes Friedensherrschaft vom Zion aus [Schwerter zu Pflugscharen] (1)
Gericht: Der Tag des HERRN macht allem Hochmut ein Ende (6)
3 Gericht über die Mächtigen Jerusalems (1) und seine herausgeputzten Frauen (16; 4,1)
4 *Heil:* Gegenwart Gottes unter den Überlebenden auf dem Zion (2)
5 *Gericht:* Lied vom unfruchtbaren Weinberg (1)
Fünf Weherufe über die Sünden der Großen: Raffgier, Prasserei, Rechtsbeugung (8)
Gott ruft den Feind als Rächer (25)
6 Jesajas Vision vom thronenden Gott und Berufung zum Propheten; Verstockungsauftrag (1)
7 Jesaja und König Ahas: »Glaubt ihr nicht, so bleibt ihr nicht« (1)
Das Immanuel-Zeichen: Geburt eines Kindes durch eine junge Frau (10)
Gott ruft die Assyrer als Strafwerkzeug (18)
8 Gericht über Damaskus und Samaria: »Eilebeute-Raubebald« (1)
Die stillen Wasser des Schiloach und der reißende Eufrat (5)

Der heilige Gott: Zufluchtsort und Falle (11)
Versiegelung der Botschaft. Die Kinder des Propheten als Zeichen (16)
9 *Heil:* Verheißung für das Volk im Finstern, Geburt des Friedefürsten (1)
Gericht Gottes über das Nordreich Israel [Kehrversgedicht] (7; 10,1)
10 Assyrien, die Rute Gottes, wird selbst zur Rechenschaft gezogen (5; 24)
[Nur?] ein Rest bleibt übrig (20)
11 Der Sproß aus dem Baumstumpf Isai (1) und das Reich umfassenden Friedens (6)
Heimkehr der Deportierten (11)
12 Danklied der Geretteten (1)

B. Gerichtsworte über Völker (24–27)

13 Gericht über Babylon (1)
14 Rückkehr der Deportierten; Spottlied über den Sturz des Königs von Babylon (1)
Gericht über Assyrien (24) und Antwort an die Philister (28)
15–16 Gericht über Moab (15,1; 16,1)
17 Gericht über Damaskus (1) und das Nordreich Israel (4)
18 Gericht über Kusch/Äthiopien (1) und dessen Umkehr (7)
19 Gericht über Ägypten (1) und dessen Umkehr zum HERRN, gemeinsam mit Assyrien (16)
20 Jesaja geht »nackt« und barfuß: Keine Hilfe von Ägypten und Kusch (1)
21 Vision vom Untergang Babylons (1)
Gericht über Duma [Edom] und die Steppenbewohner (11)
22 Jerusalem: Vorübergehender Abzug der Belagerer kein Grund zum Jubeln (1)
Über die Palastvorsteher Schebna und Eljakim (15)
23 Gericht über Tyrus und Sidon (1)

C. Gericht über die Erde und Erlösung Israels (24–27)

24 Gericht über die Erde, Herrschaft Gottes auf dem Zion (1)
25 Danklied der Erlösten (1)
Das große Festmahl auf dem Zion; Vernichtung des Todes (6)
26 Siegeslied des Volkes Gottes (1)
Hoffnung auf Gottes Gerechtigkeit: auf Befreiung und neues Leben für Gottes Volk (7)
27 Abrechung mit dem Leviatan (1)
Neues Lied vom Weinberg Gottes (2)
Neues Gedeihen nach dem Gericht (6); Heimholung der Versprengten Israels (12)

D. Worte über Jerusalem (28–35)

Gerichtsworte [»Assyrischer Zyklus«] (28–31):

28 Gericht über Samaria (1); der überlebende Rest (5)
Gericht über die betrunkenen Priester und Propheten Jerusalems (7)
Der Bund mit dem Tod und der Eckstein auf dem Zion (14)
29 Jerusalems Belagerung und plötzliche Rettung (1)
Verblendung des Volkes (9); Lippendienst und geheime Pläne (13)
Die große Wandlung (17)
30 Von Ägypten kommt keine Hilfe (1)
Ablehnung der prophetischen Mahnung (8), eigene Pläne (15)
Dennoch wird Gott wieder Erbarmen zeigen (18) und mit den Assyrern abrechnen (27)
31 Warnung vor Vertrauen auf die Ägypter und ihre Rosse – sie sind »Fleisch« (1)
Gott verteidigt den Zion gegen die Assyrer (4)

Heilsworte (32–35):

32 Das künftige Reich der Gerechtigkeit (1)
Warnung an die Frauen vor falscher Sicherheit (9)
Frieden und Wohlstand durch den Geist aus der Höhe (15)
33 Rettung Zions vor dem Verwüster (1) durch Gottes Eingreifen (7); Reinigung der Zionsgemeinde (14); Gott als Zions König (17)
34 Gericht über Edom (1)
35 Heimkehr der Befreiten zum Zion (1)

E. Belagerung und Rettung Jerusalems (36–39)

36 Sanherib belagert Lachisch und läßt Hiskija in Jerusalem zur Übergabe auffordern (1)
37 Hiskija sendet zu Jesaja (1), der den Abzug ankündigt (5)
Erneute Aufforderung Sanheribs an Hiskija, sein Gebet (9)
Gottes Antwort durch Jesaja: Spottlied auf Sanherib, Wiederholung der Zusage (21)
Der Engel des HERRN greift ein; Abzug der Assyrer (36)
38 Hiskijas Krankheit, Gebet und Erhörung (1)
Hiskijas Danklied für seine Heilung (9)
39 Hiskija empfängt die Gesandten des Königs von Babylon;
Gott antwortet mit Ankündigung der Deportation nach Babylon (1)

II. Deuterojesaja: Trostworte für die Verbannten in Babylon (40–55)

40 *Prolog:* »Tröstet mein Volk!« Die Schuld ist gebüßt (1). Eine Straße für Gott in der Wüste (3). Sendung des Propheten: »Gottes Wort bleibt für immer in Kraft« (6)
Freudenbotin Zion: Gott bringt sein Volk zurück (9)

[Disputation] Die Völker, für Gott ein Tropfen am Eimer (12); Gott gibt den Müden Kraft (27)

41 [Gerichtsrede] Gott fragt die Götter: Wer läßt den vom Osten [= Kyrus] kommen? (1; ebenso 21)
Spott über die Götzen (5)
[Heilsorakel] »Fürchte dich nicht (8), du Würmlein Jakob!« (14)
Wasser in der Wüste (17)

42 »Das geknickte Rohr zerbricht er nicht«: *1. Gottesknechtslied* (1)
Der Schöpfer der Welt hat Kyrus gerufen (5)
Loblied: »Singt dem HERRN ein neues Lied« (10)
Gott führt das blinde Volk nach Hause (14)
[Disputation] Gottes blinder und tauber Knecht (18)

43 [Heilsorakel] »Fürchte dich nicht, ich habe dich erlöst/ausgelöst« (1)
[Gerichtsrede] Das befreite Volk als Zeuge für Gottes Macht (8)
Neuer Exodus; neues Meerwunder: Ströme in der Wüste (16)
»Du hast mir Arbeit gemacht mit deinen Sünden« (22)

44 [Heilsorakel] Geistausgießung: Mehrung und Öffnung des Gottesvolkes (1)
[Gerichtsrede] Einzigartige Macht und Verläßlichkeit von Israels Gott (6)
Große Spottrede über die Torheit der Götzenverehrer (9)
[Heilsorakel] »Ich vergesse dich nicht!« (21)
Loblied: »Jauchzt, ihr Himmel!« (23)
[Kyrus-Orakel] Der Schöpfer der Welt als Herr der Geschichte ruft Kyrus und läßt Jerusalem und den Tempel wiedererstehen (24)

45 [Kyrus-Orakel] Kyrus als Werkzeug Gottes (1)
Loblied: Aufforderung an Himmel und Erde (8)
Gottes Sieg über die Götter der Völker (45,9–48,21):
Kann der Ton den Töpfer kritisieren? (9); Kyrus-Orakel (12)
»Alle (Menschen) werden vor mir auf die Knie fallen« (20)

46 Die hilflosen Götter Babels und der helfende Gott Israels (1)
Die Rettung ist nahe: »Ich rufe den Adler vom Osten« (9)

47 Dem stolzen Babylon wird der Sturz angekündigt (1)

48 Gott rettet das steifnackige Israel allein um seiner selbst willen (1)
[Gerichtsrede] Wer außer Israels Gott hat angekündigt, was jetzt geschieht? (12)
Aufforderung zum fluchtartigen Aufbruch aus Babylon (20)

49 Berufung zum Licht der Völker: *2. Gottesknechtslied* (1)
Ankündigung der Heimkehr von überall her (7)
Loblied: »Jubelt, ihr Himmel!« (13)
[Disputation] Gott liebt Zion wie eine Mutter ihr Kind; Jerusalem wird aufgebaut und bevölkert, die Gefangenen kehren zurück (14)

50 Gegen die Anklagen des Volkes: »Wo ist der Scheidebrief eurer Mutter?« (1)
Der angefeindete/geschlagene Knecht: *3. Gottesknechtslied* (4)

51 Die Verheißung an Abraham und Sara gilt noch (1)
Zusage immerwährenden Friedens (4)
»Wach auf, du Arm des HERRN« – Gott antwortet auf den Hilferuf seines Volkes (9; 52,1)
Gegen das Prahlen der Unterdrücker (4)
52 Die Freudenboten auf den Bergen: Gott kehrt zum Zion zurück (7)
Aufforderung zur Trennung von dem unreinen Babel, Auszug mit den Tempelgeräten (11)
53 Der leidende Knecht – »Die Strafe liegt auf ihm, damit wir Frieden haben«: *4. Gottesknechtslied* (13; 53,1)
54 »Ich habe dich einen kleinen Augenblick verlassen« – Gott verwandelt die Schande Jerusalems in Ehre (1)
Kostbarer Schmuck der Mauern Jerusalems (11) und Friedensgarantie (13)
55 Ewiger Bund Gottes mit Israel – der erneuerte Davidsbund (1)
Epilog: Gottes Wege sind höher als Menschengedanken, sein wirkendes Wort (6)
Loblied: »Berge und Hügel sollen frohlocken« (12)

III. Tritojesaja: Ausblick auf das kommende Heil in bedrängter Zeit (56–66)

56 Sabbatheiligung und Gesetzeserfüllung als Kriterien der Zugehörigkeit zum Gottesvolk, Aufnahme der Verschnittenen und Fremden (1)
Gerichtsdrohung gegen die gewissenlosen Führer des Volkes (9)
57 Ewige Ruhe für die Gerechten (1), Gerichtsdrohung gegen die Götzendiener (3)
Heilszusage für die Zerschlagenen und Gedemütigten, Frieden für Nahe und Ferne (14)
58 Falsches und rechtes Fasten: »Brich dem Hungrigen dein Brot« (1)
Segen der Sabbatheiligung (13)
59 *Volksklage:* Anklage (1) und Schuldbekenntnis (9) des Volkes; Gottes Eingreifen in der »geistlichen Waffenrüstung«, Rettung für die Umkehrenden auf dem Zion (15)
60 Die künftige Herrlichkeit Jerusalems: »Mache dich auf, werde licht, denn dein Licht kommt« (1)
61 Der Prophet als Geistträger und Gesalbter bringt die Frohbotschaft der Befreiung (1); Danklied der Gemeinde (10)
62 Wächter sollen Gott an Jerusalem erinnern; Wiederannahme Jerusalems, Heilszusage, baldige Ankunft der Heimkehrenden; neuer Name (1)
63 Der Keltertreter: Gericht über Edom und die Völker (1)
63/64 *Volksklage:* Gebet um Gottes Eingreifen: »Ach, daß du den Himmel zerrissest und führest herab – Du bist doch unser Vater« (63,7; 64,1)

65 Bestrafung der Abtrünnigen [Schweinefleischesser] und Belohnung der Treuen (1)
Verheißung eines neuen Himmels und einer neuen Erde; Jerusalem als Stadt des Jubels; paradiesischer Frieden (16b)
66 Gott will kein Haus, sondern demütigen Gehorsam (1)
Strafgericht an den Götzendienern (3), Mehrung und Glück für Jerusalem: »Ich will euch trösten, wie einen seine Mutter tröstet« (5)
Alle Völker kommen zum Zion und ehren den Gott Israels; das Höllenfeuer im Hinnomtal [Gehenna] (18)

Wichtiges in Kürze

Der Prophet: Jesaja wirkte in Jerusalem in der Zeit der assyrischen Bedrohung zwischen 736 und 701 v. Chr. Die Kapitel 40–55 gehen auf einen zweiten, namentlich nicht genannten Propheten zurück, der 150 Jahre später die Deportierten im babylonischen Exil ansprach (Deuterojesaja = 2. Jesaja). In Kapitel 56–66 sind Prophetenworte an die nachexilische Gemeinde in Jerusalem zusammengestellt, die kaum einer einzelnen Prophetenpersönlichkeit (»Tritojesaja« = 3. Jesaja) zuzuordnen sind.
Die Botschaft:
Der erste Jesaja (1–12; 28–33) ruft gegen alle politischen Absicherungsversuche zum Vertrauen auf den Gott, der den Zion erwählt hat (7,4.9; 28,16; 30,15), und übt Kritik am Verhalten der Oberschicht (5,8-24).
Der zweite Jesaja kündigt den Resignierten im Exil die große Wende an und versichert sie der unbedingten Überlegenheit ihres Gottes über die Götter Babylons. In den »Gottesknechtsliedern« spiegelt sich wahrscheinlich seine Berufung und sein persönliches Geschick.
Der dritte Teil des Jesajabuches konfrontiert die bedrängte Lage der Heimkehrer mit der künftigen Herrlichkeit Jerusalems.
Das Buch: Das Jesajabuch ist ein prophetisches Sammelwerk, das auch in seinem ersten Teil nicht auf den Jesaja des 8. Jh. beschränkt ist (Fremdvölkersprüche 13–23 unter Einbezug Babylons; Ausblick auf das Weltgericht in der »Jesaja-Apokalypse« 24–27). Der Gesamtprozeß seiner Entstehung reicht vom 8. bis zum 5./4. oder sogar 2. Jh. v. Chr.
Merkstoff:
- Berufungsvision (6); »Denkschrift« (6–9)
- Weissagungen vom Friedenskönig (9; 11)
- Weinberglied (5); Weherufe (5)
- Restgedanke (7,22; 10,20-23; Schear-Jaschub 7,3)
- Warnung vor Vertrauen auf Ägyptens Rosse (30,1-3.15-17; 31,1-3)
- Kyrus-Orakel (44; 45)
- Leidender Gottesknecht (53)
- Rechtes Fasten (58)
- Jerusalems Herrlichkeit (60; 62); Neuer Himmel und neue Erde (65)
- Höllenvorstellung/Gehenna (66)

DAS BUCH JEREMIA (Jer)

A.	<u>Gericht Gottes über Jerusalem und Juda</u>	1–25
	a) Berufung und Gerichtsworte	1–10
1	Berufung Jeremias	
2	Das doppelte Unrecht des Gottesvolkes	
3	Die ehebrecherischen Schwestern Israel und Juda	
4; 6	Der Feind aus dem Norden	
7 (26)	Tempelrede	
9	Prophetische Totenklage über Jerusalem und Juda	
	b) Gerichtsworte und Klagen [»Konfessionen«] Jeremias	11–20
11	Bedrohung Jeremias durch die Bürger von Anatot; Klage Jeremias	
12	Warum dürfen die Bösen sich alles erlauben? (Klage)	
13	Zeichenhandlung: Der verrottete Leinengürtel	
14–15	Dürrekatastrophe; Verbot der Fürbitte	
15	Jeremias Klage und Gottes Antwort	
16	Zeichenhandlung: Verbot an Jeremia, zu heiraten	
17	Jeremias Hilferuf (Klage)	
18	Gleichnis vom Töpfer; Jeremias Bitte um Vergeltung (Klage)	
19	Zeichenhandlung: Der zerbrochene Krug	
20	Jeremias Mißhandlung durch Paschhur und Klage	
	c) Worte gegen die Führer des Volkes	21–24
21–23	Gegen Könige und falsche Propheten	
24	Vision von den beiden Feigenkörben	
	d) Bilanz und Urteil	25
25	Bilanz nach 23 Jahren erfolglosen Wirkens	
B.	<u>Gericht Gottes über die Völker (I)</u>	25
25	Vision vom Zornbecher Gottes	
C.	<u>Jeremias Gerichtsankündigungen von Jojakim bis Zidkija</u> (Fremdberichte aus dem Schülerkreis)	26–36
26	Tempelrede; Anklage und Freispruch Jeremias	
26–28	Zeichenhandlung: Das Joch Nebukadnezzars	
29	Brief Jeremias an die Deportieren in Babylonien	
34	Bruch des Vertrags über die Sklavenfreilassung	
35	Das Vorbild der Rechabiter	
36	Verbrennung der Schriftrolle durch Jojakim	

D. Künftiges Heil und neuer Bund [Einschub in C] 30–33

30–31 Jeremias »Trostbüchlein« (31: Neuer Bund)
32 Zeichenhandlung: Jeremias Ackerkauf
33 Neuer Anfang nach dem Ende

E. Leidensgeschichte Jeremias
(Fremdbericht, vielleicht von Baruch?) 37–45

37–38 Jeremia warnt König Zidkija/Zedekia
Jeremia in Zisterne und Wachthof
39 Einnahme Jerusalems und Befreiung Jeremias
40–44 Ermordung Gedaljas und Flucht nach Ägypten
45 Trostwort an Baruch

F. Gericht Gottes über die Völker (II) 46–51

46 Ägypten
47 Philister
48 Moab
49 Ammon, Edom, Damaskus, Arabien, Elam
50–51 Babylon

G. Anhang: Zerstörung Jerusalems und Deportationen 52

A. Gericht Gottes über Jerusalem und Juda (1,1–25,14)

a) Berufung und Gerichtsworte (1–10)

1 Jeremias Berufung zum Propheten; Mandelbaum- und Kesselvision (1)
2 Abrechnung mit dem treulosen Gottesvolk, seine zweifache Sünde (1)
Selbstverschuldetes Unglück (14; 26; 33)
Brünstig wie eine Kamelstute nach Götzendienst – »auf jedem hohen Hügel und unter jedem grünen Baum« (20)
Das Volk hat seinen Gott vergessen (31)
Kein Bündnis kann Juda retten (36; vgl. 18)
3 Die Hure Juda (1); die ehebrecherischen Schwestern Israel und Juda (7)
Gott ruft die Deportierten aus Israel und Juda zur Umkehr und Heimkehr – »Pflüget ein Neues«; Herzensbeschneidung (11; 4,1)
4 Jeremia sieht den Feind aus dem Norden (5); Klage über die kommende Verwüstung (19)
5 Jerusalem und Juda sind reif für das Gericht: Unrecht, Götzendienst, Selbstsicherheit (1); Schuld der Propheten und Priester (30)
6 Letzte Warnung an Jerusalem (1); Weigerung zu hören (9); Beschwichtigung durch Propheten und Priester: »Friede, Friede« (13; vgl. 8,10-11)

Der Feind aus dem Norden: »Schrecken um und um« (22)
Jeremia als Metallprüfer: »Verunreinigtes Silber« (27)

7 Jeremias Tempelrede: Nur Umkehr, nicht der Tempel schützt; Ankündigung der Tempelzerstörung (1)
Verbot der prophetischen Fürbitte wegen Kult der Himmelskönigin (16)
»Nicht Opfer habe ich [am Sinai] gefordert, sondern Gehorsam« (21)
Kinderopfer im Hinnomtal: Es wird zum Massengrab werden und »Mordtal« heißen (29)

8 Schändung der Gräber Jerusalems (1)
Weigerung umzukehren – »Der Storch weiß seine Zeit, aber mein Volk ...« (4)
Jeremia leidet um sein Volk: »Ach, daß meine Augen Tränenquellen wären« (18)

9 Überall Betrug, selbst dem eigenen Bruder ist nicht zu trauen (1)
Aufforderung zur Totenklage über Jerusalem und Juda (9)
»Wer sich rühmen will«: falscher und rechter Ruhm (22)
Abrechnung mit den Völkern der Beschnittenen (24)

10 Die leblosen Götzenbilder und der lebendige Gott Israels (1)
Ankündigung der Deportation; Klage Jerusalems (17)
Bitte um Begrenzung des Gotteszorns und seine Ausgießung auf die Feinde (23)

b) Gerichtsworte und Klagen [»Konfessionen«] Jeremias (11–20)

11 Bundesbruch Israels von Anfang an; die Götzen werden nicht vor Gottes Gericht retten; Verbot der prophetischen Fürbitte (1)
Gott legt Feuer an seinen Ölbaum (15)
Bedrohung Jeremias durch die Bürger von Anatot; *Klage Jeremias* (18)

12 *Klage Jeremias:* Warum dürfen die Bösen sich alles erlauben und über Jeremia spotten? (1) Gott: »Es kommt noch schlimmer« (5)
Klage Gottes über sein Volk und Land (7)
Bestrafung und neue Chance für Judas Nachbarvölker (14)

13 Prophetische Zeichenhandlung: Der verrottete Leinengürtel (1)
Der Süden Judas ist und bleibt verloren – »Herunter vom Thron, König Jojachin!« (18)
Schändung Jerusalems als Strafe für Hurerei = Götzendienst; Jerusalems Unverbesserlichkeit: »Kann ein Schwarzer seine Hautfarbe ändern?« (20)

14 *Dürrekatastrophe:* Klage des Volkes, Bitte des Propheten (1); Verbot der Fürbitte (10). Die Schuld der Lügenpropheten (13). Jeremia appelliert an Gottes Ehre (17); Gott: »Selbst Mose und Samuel würden mich nicht umstimmen« (15,1)

15 Gott hat kein Erbarmen mehr mit Jerusalem (5)
Klage Jeremias über Anfeindung und Einsamkeit; »Dein Wort wurde

meine Speise, sooft ich's empfing« (10). Gott: »Ich mache dich zur festen Mauer« (19)

16 Jeremias Verhalten als Zeichen für das kommende Gericht: Weder Heirat noch Kinder, kein Trauerbesuch, keine Festteilnahme (1)
Verheißung eines neuen Exodus (14)
Fischer und Jäger gegen Juda wegen des Götzendiensts (16)
Die Völker bekommen Gottes Macht zu spüren und bekehren sich (19)

17 Unauslöschlich angeschriebene Schuld: Höhenkult (1)
Verflucht, wer sich auf Menschen verläßt – wie ein Baum am Wasser, wer sich auf Gott verläßt (5)
Gott ergründet die Herzen und vergilt jedem nach seinem Tun (9)
Klage Jeremias: Läßt Gott seinen Propheten im Stich? Wird Jeremia als falscher Prophet angeklagt? »Laß zuschanden werden, die mich verfolgen« (14)
Jeremia am Stadttor: Kein Warentransport am Sabbat (19)

18 Gleichnis vom Töpfer: Das mißratene Gefäß bekommt noch einmal eine Chance – vergeblich (1)
Das Widernatürliche: »Mein Volk hat mich vergessen« (13)
Klage Jeremias: Bitte um Vergeltung an seinen Verfolgern (18)

19 Zerschmettern des Kruges im Hinnomtal als Zeichenhandlung; Strafe für Götzendienst und Kinderopfer (1)

20 Jeremia im Tempel vom Priester Paschhur festgenommen und in den Block geschlossen; er antwortet mit Strafankündigung (19,14; 20,1)
Klage Jeremias: »Du hast mich verführt und überwältigt; ich kann dein Wort nicht zurückhalten, es brennt wie Feuer in mir; aber es bringt mir nur Hohn und Spott« (7); Jeremia verflucht den Tag seiner Geburt (14)

c) Worte gegen die Führer des Volkes (21–24)

21 Antwort auf Zidkijas/Zedekias Anfrage: Nur wer die Stadt verläßt, kommt mit dem Leben davon (1)
Worte gegen verschiedene Könige (21,11–22,29):

22 An den König und seine Umgebung: Forderung nach Gerechtigkeit, Drohung mit Zerstörung des Königspalasts (21,11; 22,1)
Aufruf zur Trauer um den Sohn Joschijas/Josias, den nach Ägypten verschleppten Schallum = Joahas (10)
Gerichtswort gegen Jojakim, der seinen Palast auf Unrecht baut; er wird ein Eselsbegräbnis bekommen (13)
Aufforderung an Jerusalem zur Klage: »Deine Hirten weidet der Sturm« (20)
Gerichtswort gegen Konja = Jojachin; er wird in Babel sterben, keiner seiner Söhne kommt auf den Thron (24)

23 Weheruf über die Hirten des Volkes; Verheißung eines gerechten Davidsprosses als König über den eingesammelten Rest der Herde (1)
Worte gegen die Propheten: Ihr verkommener Lebenswandel (9), ihre

eigenmächtigen Heilsversprechungen (16); niemand kann sich vor dem allgegenwärtigen Gott verstecken (23)
Gegen die Propheten, die sich auf ihre Träume berufen; Gottes Wort ist dagegen »ein Hammer, der Felsen zerschmettert« (25)
Verbot, den Propheten nach der »Last des HERRN« zu fragen und damit seine Botschaft als lästig abzuqualifizieren – Wortspiel zwischen »Last« und »Ausspruch/Botschaft« (33)

24 Nach der ersten Deportation 597 v. Chr.: Vision von den guten und schlechten Feigen; die Deportierten sind die guten (1)

d) Bilanz und Urteil (25,1-14)

25 Bilanz nach 23 Jahren erfolgloser Umkehrpredigt (605 v. Chr. unter Jojakim); jetzt gibt Gott Volk und Land seinem Knecht Nebukadnezzar preis für 70 Jahre (1), dann werden auch die Babylonier zur Rechenschaft gezogen (12)

B. Das Gericht Gottes über die Völker [I] (25,15-38)

25 Vision vom Zornbecher: die aufgezählten Völker müssen den Wein des Gotteszorns trinken, genauso wie Jerusalem (15); der Löwe kommt über die Völkerhirten (30)

C. Jeremias Gerichtsankündigungen von Jojakim bis Zidkija/Zedekia (26–36)

26 Die Tempelrede (vgl. Kap 7) und ihre Folgen: Jeremia vor Gericht gestellt, aber unter Berufung auf das Michawort [Mi 3,12] freigesprochen (1)
Das Schicksal des Propheten Urija; Jeremia wird durch Ahikam geschützt (20)

27 Zeichenhandlung: Jochtragen. Botschaft an die Gesandten der antibabylonischen Koalition bei Zidkija in Jerusalem: Beugt euch unter Nebukadnezzars Joch (1). Warnung vor den falschen Propheten, die die baldige Rückkehr der Tempelgeräte verkünden (14)

28 Der Prophet Hananja zerbricht das Joch auf Jeremias Nacken (1); Gott: »Für das hölzerne Joch kommt ein eisernes« (12). Hananja stirbt, wie es Jeremia vorausgesagt hat (15)

29 Jeremias Brief an die Verbannten der ersten Deportation 597 v. Chr. in Babylonien: Baut Häuser; sucht das Wohl der Stadt (1). Warnung vor den Lügenpropheten unter den Deportierten (21)
Ein Prophet aus Babylonien denunziert Jeremia brieflich beim Oberpriester des Jerusalemer Tempels; Jeremias Antwort (24)

D. Künftiges Heil und neuer Bund [Einschub in C] (30–33)

Jeremias »Trostbüchlein« (30–31):

30 Aufforderung zur Niederschrift (1)
Nach den Katastrophen neues Heil für Jakob und Zion: Befreiung, Heilung, Wiederaufbau, neues Königtum (5)
Alle zwölf Stämme werden Gottes Volk sein (22; 31,1)
31 Heimkehr der Deportierten des Nordreichs – »Ich habe dich von jeher geliebt« (2)
Rahels Klage um ihre Kinder – sie werden zurückkehren (15)
Umkehr Israels und Gottes Erbarmen: »Ist nicht Efraim mein teurer Sohn?« (18)
Künftig keine Haftung der Söhne für die Schuld der Väter (27)
Neuer Bund Gottes mit Israel und Juda (31)
Dauernder Bestand des Gottesvolkes (35)
Wiederaufbau und Erweiterung der Stadtmauer Jerusalems (38)
32 Jeremias Ackerkauf als Zeichen einer neuen Zukunft (1); Jeremias Frage und Gottes Antwort (16)
33 Jubel und Freude kehren zurück (1)
Gottes Bund mit David [Natansverheißung] und Levi gilt für alle Zeiten (14)

C: Jeremias Gerichtsankündigungen... [fortgesetzt] (34–36)

34 Zidkija/Zedekia wird mit dem Leben davonkommen (1)
Bruch des Vertrags über die Sklavenfreilassung (8)
35 Die Sippe Rechab als Vorbild der Gebotstreue (1)
36 Niederschrift und öffentliche Verlesung der Drohworte Jeremias durch Baruch; König Jojakim vernichtet die Schriftrolle (1)
Erneute Niederschrift und Gerichtswort über Jojakim (27)

E. Leidensgeschichte Jeremias [vielleicht Bericht Baruchs?] (37–45)

37 Jeremia warnt Zidkija/Zedekia, auf das ägyptische Entsatzheer zu vertrauen (1)
Jeremia wird beim Verlassen der Stadt festgenommen und gefangengesetzt (11); Zidkija gewährt Hafterleichterung (17)
38 Jeremia ruft zur Übergabe auf; er wird in die Zisterne geworfen (1) und von dem Kuschiter Ebed-Melech gerettet (7)
Heimliches letztes Gespräch zwischen Zidkija und Jeremia (14)
39 Einnahme Jerusalems und Deportation (1), Befreiung Jeremias (11)
Zusage an Ebed-Melech (15)
40 Jeremia, aus dem Gefangenentransport befreit, bleibt in Juda (1)
Gedalja als babylonischer Statthalter in Mizpa (7)

41 Jischmael ermordet Gedalja und die Pilger aus Samarien (1), die Überlebenden wollen nach Ägypten fliehen (10)
42 Jeremia warnt vor der Flucht nach Ägypten (1)
43 Die Warnung wird in den Wind geschlagen, Jeremia mit Baruch nach Ägypten verschleppt (1)
Zeichenhandlung in Tachpanhes: Fundament für den Thron Nebukadnezzars (8)
44 Die Flüchtlinge wollen an der Verehrung der Himmelskönigin festhalten; Jeremia: Sie werden in Ägypten umkommen (1)
45 Trostwort an Baruch (1)

F. Gericht Gottes über die Völker [II] (46–51)

46 Niederlage Ägyptens bei Karkemisch (1), Eindringen Nebukadnezzars in Ägypten (13)
47 Endgültige Vernichtung der Philister durch »Wasser von Norden« (1)
48 Das Gottesgericht über das hochmütige Moab (1)
49 Gottesgericht über Ammon (1), Edom (7), Damaskus (23), die arabischen Stämme Kedar und Hazor (28), Elam (34)
50/51 *Babylons Ende und Israels Befreiung:*
Gottes Vergeltung an Babylon (50,15.28.29.31; 51,6.24.35.36.49. 56), dem ehemaligen »Hammer Gottes« (50,23; 51,20-23), dem goldenen Kelch, der alle Welt trunken gemacht hat (51,7), durch den Feind aus dem Norden (50,3.9.41-42; 51,48), durch »Worfler« (51,2), die Meder usw. (51,11.27-28) in einem heiligen Krieg (51,27)
Abrechnung mit dem Götzen Bel (51,44.52); Fall der berühmten Mauer Babels (51,58)
Verlesung der Schriftrolle mit den Drohworten in Babel durch Seraja und Versenkung im Eufrat (51,59)

G. Anhang: Zerstörung Jerusalems und Deportationen (Kap 52)

52 Zidkija/Zedekia lehnt sich gegen Nebukadnezzar auf; Belagerung und Eroberung Jerusalems, Gefangennahme Zidkijas (1)
Zerstörung von Tempel und Stadt, Mitnahme der Tempelgeräte, Deportation (12)
Zahl der Deportierten bei drei Deportationen (28)
Ewil-Merodach begnadigt Jojachin (31)

Wichtiges in Kürze

Der Prophet: Wirken zwischen 627 (609?) und 587 v. Chr. in Jerusalem; danach verliert sich die Spur, vermutlich in Ägypten (39–44)
Die Botschaft: Voraussage des Endes des Reiches Juda und der Eroberung Jerusalems; (prophetisch vorwegnehmende?) Klage über den Untergang
Das Buch: Predigtartige Fortschreibung der Prophetenworte nach dem Exil als umfassender Aufweis der schuldhaften Verursachung der Katastrophe im Sinn der deuteronomistischen Theologie (s. o. S. 34); Tendenz, die Deportierten in Babylon gegenüber dem Juden im Land und in Ägypten (40–44) als die wahren Führer Israels zu erweisen
Merkstoff:

- Berufung Jeremias (1)
- Tempelrede (7; 26)
- Klagen/«Konfessionen« Jeremias (11; 12; 15; 17; 18; 20)
- Leidensgeschichte Jeremias: Mißhandlung durch Paschhur (20); Inhaftierung (37–38); Verschleppung nach Ägypten (40–43)
- Zeichenhandlungen: Zerbrochener Krug (19), Joch Nebukadnezzars (27), Ackerkauf (32)
- Jeremia und der Prophet Hananja (28)
- Brief an die Deportierten in Babylon (29)
- Baruchs Schriftrolle (36); Trostwort an Baruch (45)
- »Trostbüchlein« (30–31); neuer Bund (31)
- Zornbecher des Gottesgerichts (25); Gericht über Babel (50–51)

DIE KLAGELIEDER JEREMIAS (Klgl)

1 Elender Zustand und Schuld Jerusalems (1); Klage, Schuldbekenntnis und Rachebitte der verlassenen Witwe Zion (12)
2 Klage über das Gottesgericht an Jerusalem (1); Mitleiden des Dichters (11); Anrede (13) und Aufforderung (18) an die Tochter Zion; ihr Klageruf zu Gott (20)
3 Klage eines Einzelnen: Ein Leidender klagt und tröstet seine Mitleidenden (1)
4 Das Elend in Jerusalem während der Belagerung (1)und nach dem Fall (11); Gewißheit der Bestrafung der schadenfrohen Edomiter (21)
5 Sklavendasein der Überlebenden (1); Greueltaten bei der Eroberung (11). Selbstanklage (16). Tempelberg verwüstet (18). Bitte um Ende des Gotteszorns (19)

Wichtiges in Kürze

Entstehung: Nach der Katastrophe von 587 v. Chr. unter den im Land Zurückgebliebenen, eventuell im Zusammenhang mit Klagefeiern auf dem Platz des zerstörten Tempels; Zuschreibung an Jeremia erst durch die Septuaginta
Form: Kap 1–4 sind alphabetische Lieder, d.h. jede der 2–3zeiligen Strophen beginnt mit einem neuen Buchstaben des hebräischen Alphabets
Merkstoff:
- »Die Güte des HERRN ist's, daß wir nicht gar aus sind« (3,22)
- »Unsere Väter haben gesündigt, und wir müssen die Schuld tragen (5,7)

DAS BUCH EZECHIEL/HESEKIEL (Ez; Hes)

A.	<u>Ezechiëls/Hesekiëls Berufung zum Propheten</u>	1–3
1–3	Thronwagenvision und Prophetenberufung	
B.	<u>Das Gericht Gottes über Jerusalem</u>	4–24
4–5	Zeichenhandlungen: Strafgericht über Jerusalem	
6–7	Strafgericht über das Gottesvolk	
8–11	Vision: Schau der Greuel im Tempel, Auszug des HERRN	
12–24	*Gerichtsworte*	
16	Jerusalem als Gottes treulose Frau	
17	Gleichnis vom Adler und Weinstock	
18	Jeder büßt nur für seine eigenen Sünden	
20	Geschichte der Untreue Israels und Exodus zur Sichtung	
21–22	Unheil über Jerusalem, die sündige Stadt	
23	Die ehebrecherischen Schwestern Samaria und Jerusalem	
24	Der Fall Jerusalems	
C.	<u>Das Gericht Gottes über die Völker</u>	25–32
25	Ammon, Moab, Edom, Philister	
26–32	Tyrus, Ägypten	
D.	<u>Verheißung der Rettung und Erneuerung Israels</u>	33–39
33	Der Prophet als Wächter	
34	Die schlechten Hirten und der gute Hirt	
37	Vision von der Wiederbelebung der Totengebeine	
38–39	Vernichtung von Gog aus Magog	
E.	<u>Vision des neuen Tempels im erneuerten Israel</u>	40–48
40–43	Der neue Tempel; Rückkehr des HERRN	
45	Tempel, Stadt und Umland	
47	Die Tempelquelle	
48	Landanteil der Stämme und Tore der heiligen Stadt	

A. Ezechiels/Hesekiels Berufung zum Propheten (1–3)

1 Die Thronwagenvision: Ezechiel schaut in Babylonien den HERRN auf seinem fahrbaren Thronsitz (1)

2–3 Berufung zum Propheten, Verzehr der Schriftrolle voller »Ach und Weh« (2,1; 3,1); Sendung zum »Haus des Widerspruchs« (3,4)

3 Bestellung Ezechiels zum »Wächter über Israel« (16)
Befehl zur Einschließung [Zeichenhandlung] und Verstummen (22)

B. Das Gericht Gottes über Jerusalem (4–24)

4 Zeichenhandlungen: Belagerung (1), Strafmaß (4), Nahrungsmangel (9)
5 Zeichenhandlung: Kahlscheren und Dreiteilung der Haare – Jerusalem wird kahlgeschoren, Schicksal der drei Teile (1)
6 Gerichtswort gegen die Berge Israels: Götzenheiligtümer und Götzendiener werden vernichtet (1)
7 Das Ende ist da (1); der Tag des Gerichts (10)
Vision: Entrückung des Propheten nach Jerusalem (8–11):
8 Ezechiel schaut den HERRN auf dem Thronwagen (4) und den Götzendienst im Tempel (5)
9 Vollstreckung des Gerichts an den Götzendienern, im Tempel wie in Jerusalem (1)
10 Glühende Kohlen auf Jerusalem (1)
Der HERR zieht aus seinem Tempel aus (8)
11 Die fünfundzwanzig Verantwortlichen (1)
Überheblichkeit der in Jerusalem Zurückgebliebenen gegenüber den Deportierten: »Wir sind das Fleisch im Topf« (2); »uns gehört jetzt das Land« (14)
Der HERR verläßt Jerusalem (22). Ende der Entrückung (24)
Gerichtsworte (12–24):
12 Zeichenhandlung: Auszug durchs Loch in der Wand mit Reisegepäck – Deportation der in Jerusalem Zurückgebliebenen (1)
Zeichenhandlung: Zittern und Beben (17)
Gegen das Nichternstnehmen der Drohworte: »Das trifft noch lange nicht ein« (21)
13 Gegen Lügenpropheten (1) und Zauberinnen (17)
14 Kein Gottesbescheid für Götzendiener (1)
Wenn Gott ein abtrünniges Volk bestraft, bleiben nur die wenigen Gerechten – ein Noach, Daniel, Ijob/Hiob – am Leben (12); wenn Gott gegen Jerusalem vorgeht, entrinnen nur ein paar Schurken, damit die völlige Verdorbenheit der Stadt offenbar wird (21)
15 Der Weinstock Jerusalem für Gott nur wertloses Holz (1)
16 Jerusalem, die von Gott erwählte Ehefrau (1), wurde zur Hure durch Götzendienst (15) und Bündnispolitik (23) und empfängt dafür die Strafe (35). Schlimmer als Samaria und Sodom, wird Jerusalem dennoch durch Gottes Treue beschämt (44)
17 Vertragsbruch Zidkijas/Zedekias gegenüber dem Babylonierkönig: Das Gleichnis vom Weinstock und den beiden Adlern (1)
18 Gegen den Vorwurf »Die Väter haben gesündigt, die Söhne werden dafür bestraft«: Jeder wird nur für seine eigene Schuld zur Rechenschaft gezogen (1), und jeder kann umkehren: Gott hat kein Gefallen am Tod des Gottlosen (30)
19 Prophetische Totenklage über die letzten Könige Judas, über die

gefangenen Löwenjungen und den ausgerissenen Weinstock (1)
20 Statt Gottesbescheid Abrechnung mit der fortwährenden Untreue Israels (1); neuer Exodus in die »Wüste der Völker« zur Sichtung (32). Neuer Anfang, reiner Gottesdienst (39)
21 Feuer gegen das Waldland Israel (1)
Gott zieht sein Schwert (6); Zeichenhandlung: Stöhnen (11); Lied vom strafenden Schwert (13)
Zeichenhandlung: Die beiden Wegweiser – welchen Weg nimmt Nebukadnezzars Schwert? (23)
Abrechnung mit dem eidbrüchigen Zidkija/Zedekia (30)
Strafgericht über Ammon (33) und über das »Schwert« Babylon (35)
22 Anklage gegen Jerusalem, die Stadt der Mörder und Götzenbilder (1)
Gleichnis vom Schmelzofen des Zorns (17)
Die Schuld der führenden Kreise des Volkes (23)
23 Gleichnis von den schamlosen Schwestern Ohola und Oholiba, d.h. Samaria und Jerusalem (1); Strafgericht über Oholiba (22). Die beiden Ehebrecherinnen als warnendes Beispiel für Frauen (36)
24 Jerusalem, der rostige Topf, muß aufs Feuer (1); Weherufe über die blutbefleckte Stadt (6)
Zeichenhandlung: Das Verhalten des Propheten beim Tod seiner Frau (15)

C. Das Gericht Gottes über die Völker (25–32)

25 Gericht über Ammon (1) und Moab (8) wegen Schadenfreude, über Edom (12) und die Philister (15) wegen grausamer Rache an Juda
Gericht über Tyrus (26–28):
26 Zerstörung von Tyrus durch Nebukadnezzar (1); Totenklage (15)
27 Klagelied über den Untergang des Prachtschiffes Tyrus (1)
28 Der König von Tyrus erhebt sich zum Gott und muß einen ehrlosen Tod sterben (1)
Totenklage über den König von Tyrus: Wegen seiner Überheblichkeit wird er aus Eden verstoßen, vom Götterberg gestürzt (11)
Gericht über Sidon (20)
Gericht über Ägypten (29–32):
29 Gericht über den Pharao, das große Krokodil (1), und Ägypten, den splitternden Rohrstock (6)
Nach vierzig Jahren soll Ägypten als das kleinste Königreich wiedererstehen, damit Israel sich nicht mehr darauf verläßt (10)
Ägypten als Lohn Nebukadnezzars für die vergebliche Mühe der Belagerung von Tyrus (17)
30 Nebukadnezzar wird Gottes Strafgericht an Ägypten vollstrecken (1); Gott bricht dem Pharao die Arme und stärkt den Babylonierkönig (20)
31 Ägypten, der gestürzte Weltenbaum (1)

32 Totenklage über Pharao, den von Gott gerichteten Drachen (1)
Ägypten muß hinunter ins Totenreich zu seinesgleichen (17)

D. Verheißung der Rettung und Erneuerung Israels (33–39)

33 Das Wächteramt des Propheten (1); wer umkehrt, rettet sein Leben (10; vgl. Kap 18)
Eintreffen eines Augenzeugen aus dem eroberten Jerusalem; Ende von Ezechiels Verstummen (21)
Gegen den Besitzanspruch der nach dem Fall Jerusalems im Land Gebliebenen, die sich nicht geändert haben (23)
Der Prophet wird nicht ernstgenommen (30)
34 Die schlechten Hirten Israels (1) und Gott als der gute Hirt (11); Frieden und Wohlstand unter dem neuen Hirten von Davids Art und Stamm (23)
35 Gericht über Edom wegen Auslieferung von Flüchtlingen, Gebietsannektion und Schadenfreude (1)
36 Verheißung für die Berge Israels; das Volk kehrt zurück (1)
Gott greift ein wegen seines heiligen Namens (16); Erneuerung Israels durch den Geist Gottes: das neue Herz (24); unverdient wird das Land zum Garten Eden (29)
37 Vision der Auferweckung Israels als Volk: Gottes Geist belebt die Totengebeine (1)
Zeichenhandlung: Vereinigung der beiden Herrscherstäbe Juda und Josef/Israel – ein Volk, *ein* davidgleicher König; ewiger Bund; Gott wohnt für immer im Tempel unter seinem Volk (15)
Gog aus Magog, der zukünftige Feind des Gottesvolkes, und seine Vernichtung (38–39):
38 Gott selbst ruft Gog herbei, wie es die Propheten angekündigt haben (1); dann vernichtet er ihn (18)
39 Hesekiel soll Gog das Strafgericht ankündigen (1)
Aufräumung des riesigen Schlachtfeldes (9)
Abschließende Heilszusicherung an das Gottesvolk (21)

E. Vision des neuen Tempels im erneuerten Israel (40–48)

40 Vision: Entrückung des Propheten nach Jerusalem; Schau und Vermessung der Tempelstadt (1)
Tore und Vorhöfe (5), Vorhalle (47)
41 Tempelhaus (1), Anbauten (5), Ausstattung (15b)
42 Priesterräume (1). Umfang der Außenmauer (15)
43 Der HERR auf seinem Thronwagen zieht in den neuen Tempel ein (1), der nicht mehr durch den benachbarten Königspalast mit den Königsgräbern entheiligt werden soll (6)

Das »Gesetz des Tempels«: der ganze Tempelbezirk ist hochheilig (12)
Brandopferaltar und Bestimmungen für seine Weihe (13)

44 Das Osttor, durch das Gott in den Tempel eingezogen ist, soll verschlossen bleiben (1)
Ordnung des Tempeldienstes: Ausschluß von Fremden, Degradierung der Leviten, Priesterdienst der Zadokiden (4)
Bestimmungen für die Priester (17)

45 Heiliger Bezirk, Stadtbezirk, Wohngebiete der Priester und der Leviten, Landbesitz des regierenden Fürsten (1)
Mahnung an die Fürsten (9), Normierung der Maße (10), Ordnung der Abgaben ans Heiligtum (13)
Opfer an den beiden Hauptfesten und Aufgaben des Fürsten im Opferdienst (18)

46 Opfer an Sabbat und Neumond; Betreten des Tempelbezirks durch den Fürsten und das Volk (1); freiwillige und tägliche Opfer (12)
Der Grundbesitz des Fürsten und seiner Söhne (16)
Die Opferküchen des Tempels (19)

47 Die Tempelquelle, die zum Strom wird und das Tote Meer lebendig macht (1)
Die Grenzen des neu zu verteilenden Landes (13)

48 Aufteilung des Landes an die zwölf Stämme (1)
Die Tore der Heiligen Stadt; neuer Name der Stadt (30)

Wichtiges in Kürze

Der Prophet: Wirken unter den 597 v. Chr. nach Babylonien Deportierten (seit 593)
Die Botschaft: Ankündigung der Eroberung Jerusalems und Heilsverkündigung nach dem Eintreffen
Das Buch: Fortschreibung der Prophetenworte und Strukturierung des Buches in einem (zugleich als zeitliche Abfolge zu verstehenden) Dreischritt: Gericht über das Gottesvolk – Gericht über die Fremdvölker – Heil für das Gottesvolk
Merkstoff:

- Thronwagenvision (1)
- Glühende Kohlen auf Jerusalem (10); Auszug der »Herrlichkeit« Gottes aus dem Tempel (10)
- Die beiden ehebrecherischen Schwestern Samaria und Jerusalem (23)
- Gott als der gute Hirt (34)
- Wiederbelebung der Totengebeine (37); Vereinigung der beiden Herrscherstäbe (37)
- Einzug der »Herrlichkeit« Gottes in den Tempel (43)
- Der Strom, der am Tempel entspringt (47)
- Wächteramt des Propheten (3; 33); individuelle Vergeltung (18)

DAS BUCH DANIEL (Dan)

A. Bewährung Daniels und seiner Freunde in Babylonien 1–6
1 Daniel und seine Feuer in der babylonischen Eliteschule
2 Nebukadnezzars Traum von den vier Weltreichen
3 Die drei Männer im Feuerofen
4 Nebukadnezzars Traum vom gefällten Weltenbaum
5 Belschazzars Gastmahl (»Menetekel«)
6 Daniel in der Löwengrube

B. Visionen Daniels von den Weltreichen und dem Gottesreich 7–12
7 Die vier Tiere und der Menschensohn
8 Widder und Ziegenbock
9 Das Geheimnis der siebzig Jahre
10–11 Vision vom Ende der Zeit
12 Michaels Eingreifen und Auferstehung der Toten

C. Zusätze [s. bei den »Apokryphen« S. 124]

A. Bewährung Daniels und seiner Freunde in Babylonien (1–6)

1 Daniel und seine Freunde in der Eliteschule (1); ihre Befolgung der Reinheitsgebote wird von Gott belohnt (8)

2 Nebukadnezzar verlangt von den Weisen Babylons, seinen Traum zu erraten (1); er wird Daniel von Gott enthüllt (12):
Traum vom Standbild aus Gold, Silber, Bronze, Eisen/Ton und seiner Zerschlagung (31); Deutung auf die vier Weltreiche und das Gottesreich (36)

3 Die drei Freunde Daniels weigern sich, das von Nebukadnezzar errichtete goldene Standbild anzubeten (1), werden in den glühenden Feuerofen geworfen und darin von Gott bewahrt (19)

4 Nebukadnezzars Brief an alle Völker (3,31): Der Traum von der Fällung des Weltenbaums (4,1); seine Deutung auf Nebukadnezzar durch Daniel (15); Nebukadnezzars Wahnsinn und seine Anerkennung des höchsten Gottes (25)

5 Belschazzars/Belsazars Gastmahl: Die Schrift an der Wand, das »Menetekel« (1); die Deutung durch Daniel (10)

6 Daniels Neider stellen ihm eine Falle und bringen ihn in die Löwengrube (2); seine Bewahrung und die Botschaft des Perserkönigs Darius an alle Völker (19)

B. Visionen Daniels von den Weltreichen und dem Gottesreich (7–12)

7 Vision von den vier Tieren, vom Gericht durch den Uralten und vom Menschenartigen, dem »Menschensohn« (1); Deutung auf die Weltreiche und das Gottesreich, des elften Horns des vierten Tieres auf Antiochus IV. (15)

8 Vision vom Zweikampf zwischen Widder und Ziegenbock (1); das anmaßende Horn des Bocks und die Unterbindung der täglichen Opfer (8); Antwort auf die Frage »Wie lange?« [1150 Tage] (13) Deutung der Vision auf Perser- und Griechenreich und den Gottesfeind Antiochus IV. (15)

9 Daniels Bußgebet (1) und Deutung der von Jeremia prophezeiten siebzig Jahre als »Jahrwochen« (20); die letzte Jahrwoche und der »Greuel der Verwüstung« im Tempel (25)

10 Engelerscheinung und Vorbereitung Daniels auf den Empfang der abschließenden Offenbarung (1); Kampf der Völkerengel (20)

11 Prophetischer Gang durch die Geschichte der Diadochenkämpfe (2); der Gottesfeind Antiochus IV. und der »Greuel der Verwüstung«, Antiochus' Ende vor dem Zion (21)

12 Der Erzengel Michael kämpft für das Gottesvolk (1); Auferstehung zu ewigem Leben oder zu ewiger Schande (2); Geheimhaltungsbefehl (4) Angaben über den Zeitpunkt des Endes [1290 bzw. 1335 Tage] (5); Schlußwort an Daniel (13)

Wichtiges in Kürze

Entstehung: Unter Aufnahme älterer Danielüberlieferungen zwischen 167 und 165 v. Chr. aus Anlaß der Religionsverfolgung durch den Seleuzidenherrscher Antiochus IV. Epiphanes (vgl. 9,27; 11,21-45 mit 1 Makk 1,41ff; 2 Makk 6,1ff)

Probleme:

- o Kein Prophetenbuch, sondern eine »Apokalypse«; Stellung im hebräischen Schriftenkanon unter den »Schriften« im letzten Teil gegen Ende
- o 2,4–7,28 in aramäischer Sprache abgefaßt
- o Das vierte Weltreich der Visionen in Kap 2 u. 7 wurde nach dem Ende der griechischen Herrschaft auf das Römische Reich gedeutet
- o Die Gestalt des »Menschensohns« (7,13f) wird nicht eindeutig identifiziert, aber in enge Beziehung zum Gottesvolk gesetzt (7,18.27)

Merkstoff:

- Drei Männer im Feuerofen (3); Belschazzars/Belsazars Gastmahl (5) mit Menetekel (5); Daniel in der Löwengrube (6)
- Die vier Weltreiche (2; 7) und der Menschensohn (7)
- Der »Greuel der Verwüstung« (9,27; 11,31)
- Kampf des Erzengels Michael (12) und Totenauferstehung (12)

DAS ZWÖLFPROPHETENBUCH

Im hebräischen Schriftenkanon bilden die zwölf kleinen Propheten ein einziges »Buch«, weil sie bequem auf eine Schriftrolle paßten (erwähnt in Sir 49,10). »Klein« heißen die hier versammelten Propheten – in Abhebung von den »großen« Propheten Jesaja, Jeremia, Ezechiel/Hesekiel – nicht wegen einer minderen Bedeutung, sondern wegen des geringeren Umfangs der unter ihrem Namen überlieferten Schriften. Die Reihenfolge der einzelnen Propheten ist von den jüdischen Überlieferern teils nach zeitlichen, teils nach thematischen Gesichtspunkten festgelegt worden.

DER PROPHET HOSEA (Hos)

A.	<u>Israel hat seinem Gott die Treue gebrochen</u>	1–3
1	Hoseas Kinder als Gerichtspredigt	
2	Israel, Gottes untreue Ehefrau	
3	Zeichenhandlung: Die eingesperrte Ehebrecherin	
B.	<u>Durch Gericht zum Heil (I)</u>	4–10
4–5	Gegen Götzendienst und Hurerei	
6	Nicht Opfer will Gott, sondern Liebe und Gotteserkenntnis	
7	Gegen Intrigen und Bündnispolitik	
8	Abrechnung mit Samarias Politik und Götzendienst	
9–10	Gottes Enttäuschung über Efraim/Israel	
11	Gottes Liebe besiegt seinen Zorn	
C.	<u>Durch Gericht zum Heil (II)</u>	12–14
12	Der Stammvater Jakob als (negatives) Urbild Israels	
13	Letzte Abrechnung mit Efraim/Israel	
14	Ruf zur Umkehr: »Ich will ihre Abtrünnigkeit heilen«	

A. Israel hat seinem Gott die Treue gebrochen (1–3)

1 Buchüberschrift (1)
Hoseas Ehe mit der Hure: Zeichen für Israels Hurerei = Götzendienst (2)
Hoseas Kinder, durch ihre Namen [Jesreel, Kein-Erbarmen, Nicht-mein-Volk] eine leibhaftige Gerichtspredigt (3)

2 Israels Wiederannahme nach dem Gericht (1)
Israel, Gottes untreue Ehefrau, durch Entzug der Erntegaben bestraft (4), dann aber von neuem von Gott umworben: »Ich verlobe mich mit dir für ewig«; Wiederkehr von Frieden und Erntesegen (16)
Widerruf der Unheilsnamen (25)

3 Heirat und Isolierung einer Ehebrecherin als Zeichen für Gottes Gericht an Israel (1)

B. Durch Gericht zum Heil [I] (4–11)

4 Die verdorbenen Priester haben das Volk nicht unterwiesen und es in die Irre gehen lassen (1)
Anklage gegen Götzendienst und Hurerei (10; 5,3-7)

5 Die Schuld der führenden Kreise (1)
Gott selbst wendet sich gegen Israel und Juda; der Assyrerkönig kann nicht helfen (8)

6 Nur oberflächliche Buße; nicht Opfer will Gott, sondern Liebe und Erkenntnis (1)
Städte Israels als Stätten des Verbrechens (7; 7,1)

7 Gegen Königsmacher und Königsmörder (3)
Efraim/Israel sucht nicht Hilfe bei Gott, sondern vergeblich bei Assyrern und Ägyptern (8)

8 Abrechnung mit Israel, Gerichtsankündigung für: Bundesbruch, eigenmächtige Einsetzung von Königen, Goldenes Kalb, Hilfegesuch an die Assyrer, nutzlose Opfer bei gleichzeitiger Gebotsübertretung, Bau von Palästen und Festungen (1)

9 Kein Grund zum Erntejubel, Ankündigung der Deportation (1)
Anfeindung Hoseas: »Der Prophet ist verrückt« (7)
Efraims/Israels Sündengeschichte seit Baal-Pegor und seine Verstoßung (10)

10 Israels Wohlstand und oberflächlicher Gottesdienst (1)
Das Kalb in Bet-Awen [Bet-El] wird nach Assyrien gebracht, die Opferstätten werden verwüstet (5)
Efraim war einst ein gelehriges Jungrind, aber dann… (11). Statt »ein Neues« [Neuland] unter den Pflug zu nehmen, wurde Schlechtigkeit eingepflügt (12)

11 Gottes Liebe siegt über seinen Zorn: »Ich rief meinen Sohn aus Ägypten – Wie könnte ich dich preisgeben, Efraim?« (1)

C. Durch Gericht zum Heil [II] (12–14)

12 Der Stammvater Jakob als negatives Urbild Israels (1)
13 Generalabrechnung: Wohlstand als Ursache des Abfalls (1); Gott ist Efraims unerbittlicher Feind geworden (7); kein König kann mehr helfen (10). »Tod, wo ist dein Stachel« [»wo ist« = heraus mit ihm/mach von ihm Gebrauch!] (12) Keine Überlebenden in Samaria (14,1)
14 Aufruf zur Umkehr und Zusage reichen Segens: »Ich will ihre Abtrünnigkeit heilen« (2)
Nachwort (10)

Wichtiges in Kürze

Der Prophet: Wirken im Nordreich Israel vor dessen Untergang 722 v. Chr.
Die Botschaft: Klage über die politischen und religiösen Zustände und Ankündigung des Gerichts
Das Buch: In einer »judäischen Redaktion« wird Juda in die Adressaten der Botschaft einbezogen (u. a. 1,7; 4,15; 6,11; 12,1.3); den Gerichtsworten werden Heilsworte zur Seite gestellt (2,1-3.16-25; 11,8-11; 14,2-10)
Merkstoff:

- Hoseas Kinder (1)
- Israel, Gottes untreue Ehefrau (2)
- »Ich verlobe mich mit dir auf ewig« (2,21f)
- Nicht Opfer will Gott, sondern Liebe und Erkenntnis (6,6)
- Das Kalb Samarias (8)
- »Pflüget ein Neues« (10,12)
- »Wie kann ich dich preisgeben, Efraim?« (11)
- Jakob als negatives Urbild Israels (12)

DER PROPHET JOËL (Joel)

Heuschreckenplage als Vorzeichen des Gerichtstags	1–2
Geistausgießung und Rettung auf dem Zion	3
Gericht über die Völker	4

1 Buchüberschrift (1)
Heuschreckenplage als Vorzeichen des Gerichtstags [Tag des HERRN]; Aufruf zur Volksklage (2); Klage (15)
2 Das Heuschreckenheer als Gottes Gerichtswerkzeug (1); Aufruf zur Umkehr, Hoffnung auf Gottes Erbarmen (12)
Gottes Antwort auf den Bußtag: »Ich will euch alles erstatten« (15)
3 Ausgießung des prophetischen Geistes auf das ganze Volk und andere Vorzeichen des Gerichtstags; Rettung auf dem Zion für alle, die »meinen Namen anrufen« (1)
4 Gericht über die Feinde des Gottesvolkes im Tal Joschafat [»Der HERR richtet«]: »Die Ernte ist reif« (1)
Zuflucht bei Gott auf dem Zion, wunderbare Fruchtbarkeit des Landes, Ägypten und Edom werden zur Wüste (16)

Wichtiges in Kürze

Der Prophet: 5. oder frühes 4. Jh. v. Chr.?
Die Botschaft: Aufruf zur Umkehr angesichts einer Dürrekatastrophe und Heuschreckenplage
Das Buch: Die Verknüpfung der Katastrophe mit dem Nahen des »Tages des HERRN« (2,1-11; 3–4) könnte eine nachträgliche Erweiterung darstellen
Merkstoff:

- »Tag des HERRN« (1)
- Ausgießung des Geistes auf das ganze Volk (3)

DER PROPHET AMOS (Am)

A.	Gericht über die Völker und Israel	1–2
B.	Gericht über das Nordreich Israel	3–6
C.	Visionen und Ausweisung des Propheten	7–9
D.	Ausblick auf künftiges Heil	9

A. Gericht über die Völker und Israel (1–2)

1 Buchüberschrift mit Erwähnung von Amos' Heimat und Beruf und dem Erdbeben (1)
»Der HERR brüllt vom Zion her« [Gerichtstheophanie] (2)
Strophengedicht (1,3 –2,16):
Gott straft die Nachbarvölker für ihre Verbrechen: Damaskus (3), Gaza, Tyrus, Edom, Ammon (6), Moab und Juda (2,1)
2 Gott straft sein Volk Israel genauso unerbittlich für seine Verbrechen, die Ausbeutung der Armen und die Abweisung der Propheten (6)

B. Gericht über das Nordreich Israel (3–6)

3 Israel, das erwählte Volk, wird besonders streng zur Rechenschaft gezogen (1)
Wenn Gott redet, wird man unter einem unabweisbaren Zwang Prophet (3)
Gerichtsankündigung für die in Luxus lebende, ausbeuterische Oberschicht Samarias (9)
Zerstörung der Altäre in Bet-El und der prächtigen Villen und Paläste (13)
4 Gerichtsankündigung für die reichen Frauen [»Baschanskühe«] in Samaria (1)
Ironische Aufforderung zu Wallfahrt und Opfer (4)
Trotz aller Heimsuchungen ist Israel nicht umgekehrt [Strophengedicht] (6)
Doxologie (13)
5 Ringkomposition (5,1-17):
A: Totenklage über die Jungfrau Israel (1-3)
B: »Sucht mich – nicht die Heiligtümer in Bet-El, Gilgal usw. –, dann werdet ihr leben« (4-6)
C: Weheruf gegen den Rechtsmißbrauch (7)

D: Doxologie (8-9)
C: Weheruf gegen Bestechung und Ausbeutung (10-13)
B: »Sucht das Gute, vielleicht wird Gott dem Rest Josefs gnädig sein« (14-15)
A: Totenklage und Trauer überall (16-17)
Der Tag des HERRN ist Finsternis und nicht Licht (18)
»Ich hasse eure Feste«: Nicht Opfer will Gott, sondern Gerechtigkeit (21)
Opferlose Wüstenzeit (25)

6 Ankündigung der Deportation für die sorglose, prasserische Oberschicht (1). Zerstörung der prächtigen Paläste (8.11); der HERR vollstreckt das Gericht bis in den letzten Winkel (9)
Anklage gegen die Verkehrung von Recht in Gift (12); Strafe für Großtun mit der Eroberung von Lo-Dabar und Karnajim (13)

C. Visionen und Ausweisung des Propheten (7,1–9,6)

7 *Drei Visionen* von Gottes Strafgericht über Israel; die Fürbitte des Propheten wendet Heuschrecken und Gluthitze ab; die *3. Vision* [Bleilot bzw. Zinnklumpen?] kündigt die Zerstörung der Heiligtümer und das Gericht über das Königshaus an (1)
Der Oberpriester Amazja weist Amos aus Bet-El aus; Selbstzeugnis des Propheten (10)

8 *4. Vision* vom Obstkorb: »Das Ende kommt über mein Volk« [hebr. Wortspiel zwischen »Obst« und »Ende«] (1)
Gegen die Ausbeutung der Armen durch betrügerische Kornhändler (4)
»Ich verwandle eure Freudenfeste in Leichenfeiern« (9)
Vergeblicher Hunger nach dem rettenden Gotteswort (11)
Verdursten der blühenden Jugend (13)

9 *5. Vision:* Gott steht am Altar und befiehlt, die Tempelsäulen zu zerschmettern; er wird die Schuldigen aus jedem Versteck holen (1)
Doxologie (5)

D. Ausblick auf künftiges Heil (9,7-15)

9 Israel ist nicht besser als Kusch (7); trotzdem wird es nicht ganz vernichtet, nur die Schuldigen werden ausgesiebt (8b)
Wiederaufrichtung der zerfallenen Hütte [Dynastie und Reich] Davids (11); paradiesische Fruchtbarkeit, wenn Gott sein Volk wieder in sein Land einpflanzt (13)

Wichtiges in Kürze

Der Prophet: Aus Juda stammend (1,1), aufgetreten im Nordreich Israel unter Jerobeam II. (7,10) vor der Mitte des 8. Jh. v. Chr.
Die Botschaft: Ankündigung des Gerichts (evtl. eines Erdbebens; vgl. 1,1;

2,13-16; 3,15; 4,2; 9,1) als Folge des Verhaltens der Oberschicht Samarias; scharfe Sozialkritik

Das Buch: Komponiert als Schuldaufweis für den Untergang des Nordreichs 722 v. Chr., ausgedehnt auf Juda (2,4f; 6,1), mit gesamtisraelitischer Heilsperspektive (9,11ff); liturgische Gliederung durch Doxologien (4,13; 5,8f; 9,5f)

Merkstoff:

- »Suchet mich, dann werdet ihr leben« (5,6)
- »Der Tag des HERRN ist Finsternis und nicht Licht« (5,18-20)
- Nicht Opfer, sondern Gerechtigkeit: »Es ströme das Recht wie Wasser« (5,24)
- Visionen vom Gericht über Israel (7; 8; 9)
- Vergeblicher Hunger nach Gottes Wort (8,11f)
- Ausweisung des Propheten aus Bet-El (7,10ff)
- Wiederaufrichtung der zerfallenen Hütte Davids (9,11)

DER PROPHET OBADJA (Obd)

Strafgericht über Edom	1-15
Rettung Israels	15-21

Die Felsenhöhen schützen Edom nicht (1), die versteckten Schätze werden aufgespürt, die ganze Elite kommt um (5) als Strafe für das Verhalten bei der Einnahme Jerusalems (10)

Der Gerichtstag des HERRN ist nahe: Unheil für die Völker, Heil für Israel auf dem Zion (15)

Vernichtung der Edomiter, Israel wird sein altes Gebiet in Besitz nehmen (18)

Wichtiges in Kürze

Botschaft: Ankündigung des Gerichts über Edom als Vergeltung für das feindselige Verhalten während und nach der Katastrophe von 587 v. Chr.

DER PROPHET JONA (Jona)

Jonas Auftrag und Flucht vor Gott	1–2
Erneuter Auftrag und erfolgreiche Bußpredigt	3
Jonas Groll über Gottes Erbarmen	4

1 Jonas Sendung nach Ninive und Flucht in die Gegenrichtung (1)
Der Seesturm und die Suche nach dem Schuldigen; Befragung Jonas durch die Seeleute (4)
Jona wird ins Meer geworfen und von einem großen Fisch verschlungen (13; 2,1)

2 Jonas Gebet [Psalm] im Bauch des Fisches; der Fisch speit ihn an Land (2)

3 Wiederholte Sendung Jonas und seine Bußpredigt in Ninive (1); die Umkehr der Leute von Ninive und ihre Verschonung (5)

4 Jonas Ärger über Gottes Güte (1)
Gott erteilt Jona eine Lehre durch Aufwachsen- und Verdorrenlassen der Rizinusstaude: »Und mir sollte diese große Stadt nicht leid tun?« (5)

Wichtiges in Kürze

Entstehung: Prophetenerzählung aus dem 4. Jh. v. Chr. in Anknüpfung an die Gestalt des Propheten aus der vorassyrischen Zeit des 8. Jh. (2Kön 14,25)
Botschaft: Gottes Erbarmen gilt nicht nur dem erwählten Volk, sondern auch den bußfertigen Heiden (3,10; 4,11)
Merkstoff:
- Jona drei Tage und Nächte im Bauch des Fisches (2)
- Jonas Psalm (2)
- Die Rizinusstaude (4)

DER PROPHET MICHA (Mi)

A. Gericht Gottes über Samaria und Jerusalem (Kap 1)

1 Buchüberschrift (1)
Gott kommt zum Gericht [Gerichtstheophanie] und zerstört Samaria und seine Götzenbilder (2)
Der Feind kommt auch nach Juda; Klagebegehung: Das Schicksal der betroffenen Städte wird in hebräischen Wortspielen geschildert (8)

B. Der Prophet und seine Widersacher (2–3)

2 Weheruf über die Mächtigen, die Äcker und Häuser an sich reißen (1); Widerspruch gegen den Propheten, der seine Anklage verschärft (6); was für einen Propheten sich dieses Volk wünscht (11)
Gott sammelt den Überrest Israels (12)
3 Gegen die Ausbeuter des Volkes (1) und die Lügenpropheten, die nach der Höhe des Honorars prophezeien (5); Micha dagegen, von Kraft und Geist Gottes erfüllt, hält den führenden Kreisen ihr Sündenregister vor (8)
Ankündigung der Zerstörung Jerusalems und des Tempels (12; vgl. Jer 26,18)

C. Die endzeitliche Bedeutung des Zion (4–5)

Ringkomposition (4–5):
4 A: Gottes Friedensherrschaft vom Zion aus: »Schwerter zu Pflugscharen« (4,1-5)
B: Sammlung des zersprengten Volkes und Königsherrschaft Gottes auf dem Zion (4,6-8)
C: Gegenwärtige Bedrängnis und künftige Rettung Jerusalems (4,9-14; Ringschluß zwischen Vers 9 und 14)
5 C: Rettung vor den Assyrern durch den künftigen Herrscher [Messias] aus Betlehem (5,1-5)

B: Tau und Löwe: Die Rolle der Heimgekehrten unter den Völkern (5,6-8)
A: Friedensherrschaft durch Vernichtung der Waffen, Zaubermittel und Götzenbilder und Rache an den ungehorsamen Völkern (5,9-14)

D. Warnung, Klage und Hoffnung (6–7)

6 Rechtsstreit Gottes mit seinem Volk: Gottes Wohltaten (1); welche Opfer kann das Volk für seine Schuld bringen? »Es ist dir gesagt, Mensch, was gut ist…« (6)
Betrug und Lüge in Jerusalem nach dem Vorbild der Omri-Dynastie in Samaria ziehen die Strafe nach sich (9)

7 Klage des Propheten: Es gibt keine Treue mehr; jeder gegen jeden (1)
Eine gottesdienstliche Liturgie: Vertrauenslied des im Dunkeln sitzenden Jerusalem (8), prophetische Zusage von Mauerbau und Zuzug aus aller Welt (11), Gebet um Wiedergewinnung der fruchtbaren Weideländer Baschan und Gilead (14); hymnischer Preis des vergebenden Gottes, der zu den Verheißungen an die Väter steht (18)

Wichtiges in Kürze

Der Prophet: Wirken in Juda/Jerusalem zwischen 733 und 712 v.Chr.
Die Botschaft: Ankündigung des Gerichts über Jerusalem und den Tempel (3,12) und Sozialkritik am Verhalten der Oberschicht
Das Buch: Mutmaßlich exilisch-nachexilische Anfügung von Heilsworten (4–5), nochmals kontrastiert mit Sozialkritik und Bitte um Gottes Eingreifen (6–7)
Merkstoff:

- Propheten, die das Volk irreführen (3)
- Ankündigung der Tempelzerstörung (3,12)
- »Schwerter zu Pflugscharen« (4)
- Geburt des Messias in Betlehem (5)
- »Es ist dir gesagt, Mensch, was gut ist ...« (6,8)

A. Gott kommt zum Gericht und rettet sein Volk (1,1–2,1)

1 Buchüberschrift (1)
Psalm: Hymnischer Preis der Vergeltungsmacht [Gerichtstheophanie] und Güte Gottes (2)
Zusage an Jerusalem: Gott wird den Feind vernichten und sein Volk befreien (9)
2 Vision vom Freudenboten (1)

B. Der Untergang Ninives (2,2–3,19)

2 Visionäre Schilderung der Eroberung Ninives [Spottklage] (2); die Löwenhöhle Ninive (12)
3 Untergang und Zurschaustellung der Hure Ninive (1)
Spottklage: Ninive wird das Schicksal von No-Amon [= Theben; 667 v. Chr.] teilen (8); jeder Widerstand bricht zusammen (12), die Händler und Beamten machen sich aus dem Staub (16), die Mächtigen schlafen den Todesschlaf (18), die Opfer von Ninives Schreckensherrschaft klatschen in die Hände (19)

Wichtiges in Kürze

Der Prophet: Auftreten in Juda vor oder nach der Eroberung Ninives 612 v. Chr.
Die Botschaft: Spott (»Spottklage«) über den Untergang Ninives
Das Buch: Erweiterung zur Vergewisserung des Gottesgerichts an den Feinden Israels (Kap 1)

DER PROPHET HABAKUK (Hab)

Ringen mit der Frage nach Gottes Gerechtigkeit im Geschichtslauf 1–3

1 Überschrift (1)
Habakuks Frage an Gott: Warum läßt du das Unrecht in Juda triumphieren? (2)
Gottes Antwort: Die Chaldäer/Babylonier werden mein Strafgericht vollstrecken (5)
Habakuks Frage: Warum darf ein Volk, das noch viel schlimmer ist, das Gottesvolk bestrafen? (12)
2 Gottes Antwort: Schreib die Gerichtsankündigung auf Tafeln, weil sie erst später eintrifft: »[Nur] der Gerechte wird durch seine Treue sein Leben retten« (1)
Weherufe über den Unterdrücker der Völker (6); die Ohnmacht seiner Götzen (18)
»Der HERR ist in seinem heiligen Tempel ...« (20)
3 *Psalm Habakuks:* Gebet und visionäre Schilderung von Gottes Eingreifen gegen die Babylonier (1)

Wichtiges in Kürze

Der Prophet: 7./6. Jh. v. Chr. in Jerusalem?
Das Buch: Dialog zwischen dem Propheten und Gott über die Frage nach der Gerechtigkeit Gottes im Weltlauf im Zusammenhang mit dem Auftreten der Babylonier (ab 605 v. Chr.)
Merkstoff:
- »Der Gerechte wird durch seine Treue sein Leben retten« (2,4)
- Theophanie-Hymnus (3)

A. Der große Gerichtstag Gottes (1,1–3,8)

1 Buchüberschrift (1)
Gottes Gericht über Juda/Jerusalem mit seinem Götzendienst und seiner Gottvergessenheit (2)
Der Tag des HERRN, ein Tag des Zornes Gottes [vgl. den lateinischen Hymnus *Dies irae*] (14)
2 Vielleicht gibt es Rettung für die, die sich demütig vor Gott beugen (1)
Gericht über Israels Feinde: Philister (4), Moab und Ammon (8), Kusch und Assur/Ninive (12)
3 Gericht über Jerusalem für die Sünden seiner führenden Kreise durch von Gott aufgebotene Völker (1)

B. Rettung für die Armen und Demütigen auf dem Zion (3,9-20)

3 Bekehrung der Völker zum HERRN (9); Reinigung Jerusalems von den stolzen Prahlern: »Ich will in dir übriglassen ein demütiges und geringes Volk« (11)
Aufforderung zum Jubel: »Der HERR, der König Israels, ist bei dir« (14)

Wichtiges in Kürze

Der Prophet: Auftreten in Jerusalem im letzten Drittel des 7. Jh. v. Chr.
Die Botschaft: Gottes Gericht über die Sünden Jerusalems
Das Buch: Zweimalige Abfolge »Gericht über das Gottesvolk / über die Völker« (1,1–2,3 / 2,4-15 und 3,1-7 / 3,8), dann »Heil für die Völker / für das Gottesvolk« (3,9f / 3,11-20)
Merkstoff:

- Der große Tag des HERRN – [Dies irae] (1,14-17)
- Verheißung für die Armen und Demütigen (2,3; 3,12)

DER PROPHET HAGGAI (Hag)

Aufruf zum Tempelbau und Verheißung der künftigen Herrlichkeit des Tempels 1–2

1 Buchüberschrift (1)
1. Wort (1. VI.): Der Grund für die schlechten Ernten; Aufruf zum Wiederaufbau des Tempels (2)
2. Wort (24.VI. = Baubeginn): Gott sagt Serubbabel und Jeschua seinen Beistand zu (12)
2 *3. Wort* (21.VII.): Der bescheidene Anfang und die künftige Pracht des neuen Tempels (1)
4. Wort (24.IX.): Die Unreinheit der Samaritaner, ihr Ausschluß vom Tempelbau (10); »Von heute an will ich Segen geben« (15)
5. Wort (24.IX.): Wenn Gott alle Könige und Reiche niederwirft, wird Serubbabel Gottes »Siegelring« sein (20)

Wichtiges in Kürze

Der Prophet: Auftreten in Jerusalem 520 v. Chr. (vgl. Esr 5,1f; Umrechnung der Daten: 29.8; 21.9.; 17.10.; 18.12.)
Die Botschaft: Aufnahme des Tempelbaus bringt die Wende der Not (1,2-11) und den Anbruch der Heilszeit (2,6-9) mit dem Messiaskönig (2,21-23)
Merkstoff:

- Serubbabel und der Tempelbau (1,12-15; 2,4b); Serubbabel als Heilskönig (2,20-23)

DER PROPHET SACHARJA (Sach)

A. Protosacharja 1–8
1–6 Die Visionen (Nachtgesichte) Sacharjas
7 Über Fasten und Solidarität
8 Zehn Heilsworte

B. Deuterosacharja 9–14
9–10 Einzug des Friedenskönigs nach Vernichtung der gottfeindlichen Weltmacht
11 Der Hirt und die Schlachtschafe

C. Tritosacharja
12–13 Klage um den Durchbohrten und Tötung des Hirten
14 Gott als König der Welt auf dem Zion

A. Protosacharja (1–8)

1 Warnung vor Rückfall in die Sünden der Väter (1)
Überschrift zur Visionsreihe [24.XI.] (7)
[Visionen Nr. 1, 2, 5-8 dem Seher gedeutet durch einen »Deuteengel«]
1. Vision: Die Reiter, die Gott ausgesandt hat, kehren zurück: Noch keine Änderung der Lage. Gott: Jetzt wende ich mich Jerusalem wieder zu (8)
2 *2. Vision:* Hörner und Schmiede(hämmer): Die Hörner der feindlichen Völker werden abgeschlagen (1)
3. Vision: Der Mann mit der Meßschnur: Jerusalem braucht keine Mauern mehr (5)
Aufruf zur Heimkehr an die noch in Babylonien Gebliebenen; Gott will wieder auf dem Zion wohnen, und viele Völker werden sich ihm zuwenden (10)
3 *4. Vision:* Der Hohepriester Jeschua vom Satan verklagt und von Gott bestätigt (1)
Jeschua und das Priesterkollegium als Gottes Bürgschaft für die Sendung des Messias (8)
4 *5. Vision:* Der Leuchter und die beiden Ölbäume: Zwei Gesalbte [»Ölsöhne«] werden in Eintracht vor Gott stehen (1-5.10b-14)
Ermutigung an Serubbabel, den Tempelbau zu vollenden: »Es soll nicht durch Heer oder Kraft, sondern durch meinen Geist geschehen« (6-10a)
5 *6. Vision:* Die fliegende [entrollte] Buchrolle: Der Fluch, der verborgenes Unrecht trifft (1)

7. Vision: Die Frau im Faß [eigentlich Efa = Getreidemaß] wird nach Babylonien transportiert: Befreiung Jerusalems von der Wurzel aller Sünden, der Auflehnung gegen Gott (5)

6 *8. Vision:* Vier Pferdewagen werden nach den vier Himmelsrichtungen ausgesandt: Einladung zur Heimkehr an die zerstreuten Israeliten, v.a. die im »Land des Nordens« = Babylonien (1)
Stellvertretende Krönung des Hohenpriesters Jeschua und Verheißung vom Kommen des »Sproß« = Messias; Priester und König in Eintracht (9)

7 Frage nach dem Sinn der Fast- und Trauertage (1); Jerusalem wurde zerstört, weil die Propheten vergeblich gerechtes Gericht und soziale Solidarität eingefordert haben (7)

8 Zehn Heilsworte für Jerusalem:
1. Gottes eifernde Liebe zu Zion (2)
2. Gott kehrt zum Zion zurück (3)
3. In Jerusalem wird es wieder Alte geben und von Kindern wimmeln (4)
4. Für Gott ist nichts unmöglich (6)
5. Gott bringt die Zerstreuten zurück und will ihr Gott sein (7)
6. Segen und Frieden aufgrund der Inangriffnahme des Tempelbaus (9)
7. Früher brachte das Unrechttun Gottes Zorn, jetzt soll sein Erbarmen zum Rechttun führen (14)
8. Die Fasttage sollen zu Festtagen werden (18)
9. Viele Völker werden nach Jerusalem kommen, um zum HERRN zu beten (20)
10. Zehn Heiden werden sich einem jüdischen Festpilger nach Jerusalem anschließen, weil »Gott mit euch ist« [Völkerwallfahrt zum Zion] (23)

B. Deuterosacharja (9–11)

9 Der Alexanderzug die Mittelmeerküste südwärts als Gottes Strafgericht (1); Eingliederung der dezimierten Philister als Stamm in das Gottesvolk (7); Gott als Wächter seines Landes (8)
Der Friedenskönig zieht in Jerusalem ein (9), nachdem Gott die gefangenen Israeliten befreit und Israels Heer gegen die Griechen [Alexander oder Diadochen] zum Sieg geführt hat (11)

10 Schafe, die keinen Hirten haben (1)
Gott nimmt sich Judas gegen die fremden »Hirten« an und rüstet es zum Kampf aus (3), er läßt auch die Verschleppten des Nordreichs [Josef, Efraim] zu ihnen stoßen (6) und wirft Ägypten und Assyrien [Ptolemäer/Seleuziden] nieder (11); Klage der besiegten Völkerhirten (11,1)

11 Prophetische Zeichenhandlung vom Hirten und den Schafen:
Der Prophet spielt die Rolle eines guten Hirten der zum Schlachten preisgegebenen Schafe (4); doch er muß die widerspenstigen Schafe

ihrem Schicksal überlassen (8) und zerbricht die beiden Hirtenstäbe »Freundschaft« und »Eintracht«: Aufhebung des Freundschaftspaktes mit den Völkern, Aufhebung des Bruderbundes zwischen Juda und Israel [= Samarien]; er bekommt 30 Silberstücke als Lohn (10)
Der Prophet muß einen schlechten Hirten spielen, dem das Volk zur Strafe preisgegeben wird (15)

C. Tritosacharja (12–14)

12 Wunderbare Rettung Jerusalems (1)
Reue Jerusalems und Klage um den Durchbohrten (9); reinigende Quelle in Jerusalem (13,1)
13 Ausrottung der Götzendiener und der falschen Propheten (2)
Tötung des Gott nahestehenden Hirten und Schicksal des hirtenlosen Volkes; Läuterung des Restes (7)
14 Gott bietet die Völker gegen Jerusalem auf, um sie dann zu bekämpfen [und durch eine schreckliche Seuche zu vernichten: 12-15]; sein Einzug in Jerusalem [Theophanie] (1)
Immerwährender Tag, immerwährend fließende lebendige Quelle (6); Gott als König über alle Völker (9); Absenkung der Umgebung und Erhöhung Jerusalems (10)
Jährliche Wallfahrt der überlebenden Heiden zum Laubhüttenfest [Völkerwallfahrt zum Zion] (16); sogar die Kochtöpfe in Jerusalem werden heilig sein, und im Tempel wird es keinen Händler mehr geben (20)

Wichtiges in Kürze

Der Prophet: Auftreten neben Haggai in Jerusalem zwischen 520 (1,1) und 518 v. Chr. vor dem Wiederaufbau des Tempels (7,1: Ende Nov. 518)
Die Botschaft: Ausblick auf den baldigen Anbruch der Heilszeit in den Visionen (»Nachtgesichten«); Hoherpriester und König gleichberechtigt (4,11-14)
Das Buch: An die Worte Sacharjas sind zwei Gruppen von Prophetenworten aus der Zeit nach dem Alexanderzug angehängt worden (als deutero- und tritosacharjanisch bezeichnet)
Merkstoff:

- Der Hohepriester Jeschua vom Satan verklagt (3)
- Serubbabel wird den Tempelbau vollenden (4,6ff)
- »Tochter Zion, freue dich«: Der Friedenskönig zieht auf dem Esel ein (9,9f)
- 30 Silberstücke als Lohn des Hirten (11,12)
- Klage um den Durchbohrten (12)
- Völkerwallfahrt zum Zion (8; 14)

DER PROPHET MALEACHI (Mal)

Kritik an religiösen und sittlichen Mißständen 1–3

1 Buchüberschrift (1)
Disputationswort: Gottes Liebe zu Israel steht nicht in Frage; sie erweist sich im Gericht über Israels Rivalen Edom (2)
Disputationswort: Die Priester beleidigen Gott durch minderwertige Opfer (6)
2 Warnung an die Priester; Gottes Bund mit Levi und der Priesterauftrag, dem Volk unverfälschte Weisung zu geben (1)
Zwei Disputationsworte: Gegen Mischehen und Ehescheidung (10)
3 *Disputationswort:* Gott läßt die Bösen nicht gewähren, sondern kommt zum Gericht und reinigt sein Volk; sein Bote bereitet ihm den Weg (2,17; 3,1)
Unverkürzte Abgabe des Zehnten und des Priesteranteils an den Opfern; Gott wird dafür Erntesegen schenken (6)
Disputationswort: Gott die Treue zu halten, zahlt sich aus; an seinem Gerichtstag wird es sich am Schicksal der Gottesverächter und der Gerechten erweisen: »Euch, die ihr meinen Namen fürchtet, wird aufgehen die Sonne der Gerechtigkeit« (13)
Schlußwort: Erinnerung an das Gesetz Moses und Ankündigung des wiederkehrenden Propheten Elija als Wegbereiter des HERRN (22)

Wichtiges in Kürze

Der Prophet: namenlos (Maleachi = »mein Bote«); 5. Jh. v. Chr.
Die Botschaft: Begründung in »Disputationsworten«, warum der von Haggai/Sacharja in Aussicht gestellte Segen trotz Vollendung des Tempelbaus ausgeblieben ist
Das Buch: Vielleicht als Anhang zu Sach 1–8 zu verstehen. – Schlußteil: 1. Stärkung der Frommen durch Hinweis auf die Nähe des individuellen Vergeltungsgerichts (3,13-21); 2. Abschluß des Zwölfprophetenbuchs (3,22-24), im christlichen Kanon zugleich Abschluß des gesamten Alten Testaments und Brücke zum Neuen Testament: Der Jesusvorläufer Johannes als »Elias redivivus«
Merkstoff:
- Bund mit Levi und Auftrag der Prieser (2,4-7)
- Unverbrüchlichkeit des Ehebundes (2,10ff)
- Elija als Wegbereiter des zum Gericht kommenden Gottes (3,23f)

APOKRYPHEN

(DEUTEROKANONISCHE SCHRIFTEN BZW. SPÄTSCHRIFTEN DES ALTEN TESTAMENTS)

Die von Luther als »Apokryphen« aus dem Alten Testament herausgezogenen Schriften sind in der griechischen und lateinischen Übersetzung (Septuaginta und Vulgata) sowie in den darauf basierenden katholischen Bibelausgaben regulärer Bestandteil des alttestamentlichen Schriftenkanons und dort den jeweils entsprechenden Schriftengruppen (geschichtliche, poetisch-lehrhafte, prophetische) zugeordnet. In den hebräischen Schriftenkanon wurden sie nicht aufgenommen. Zur Entstehungsgeschichte s. die ausführliche Darstellung in dem Band »Schriften der Bibel« S. 157ff.

Die folgende Kurzübersicht legt die – von Lutherbibel und Zürcherbibel abweichende – Reihenfolge der Guten Nachricht zugrunde, die mit der Abfolge in der katholischen Einheitsübersetzung übereinstimmt:

Geschichtliche Schriften:	Tobit/Tobias Judit Ester (griech. Fassung bzw. Zusätze) 1. Makkabäer 2. Makkabäer
Lehrschriften:	Weisheit/Weisheit Salomos Sirach/Jesus Sirach
Prophetische Schriften:	Baruch mit Brief Jeremias Daniel (Zusätze)

Die zum Teil beträchtlichen Unterschiede in der Kapitel- und Verszählung zwischen der Lutherbibel und den übrigen Bibelausgaben sind im Anhang S. 197ff tabellarisch aufgelistet.

DAS BUCH TOBIT/TOBIAS (Tob)

Vater und Sohn tragen in der Lutherbibel den gleichen Namen (Tobias); im griechischen Text heißt der Vater Tobit, für den Sohn wird die griechische Namensform Tobias verwendet.

Im Unterschied zu den anderen deutschen Übersetzungen folgt die Gute Nachricht einer längeren griechischen Textfassung (Codex Sinaiticus).

A.	<u>Tobit und Sara, von Gott geprüft</u>	1–3
1–2	Vorgeschichte: Gesetzestreue und Erblindung Tobits	
3	Sein Gebet	
	Sara in der Gewalt eines männermordenden Dämons	
	Ihr Gebet und Sendung des Engels Rafael	
B.	<u>Der Engel begleitet den jungen Tobias</u>	4–6
4	Tobits Vermächtnis und Auftrag an Tobias	
5	Reise Tobias' in Begleitung des Engels	
6	Fischfang und Rat des Engels zur Heirat mit Sara	
C.	<u>Der junge Tobias befreit und heiratet Sara</u>	7–9
7	Werbung um Sara	
8	Vertreibung des Dämons und Hochzeitsnacht (Luther: drei »Tobiasnächte«)	
9	Der Engel erledigt für Tobias den Auftrag des Vaters	
D.	<u>Heimkehr des Sohnes und Heilung des Vaters</u>	10–12
10–11	Heimkehr mit Sara, Heilung des blinden Vaters	
12	Der Engel Rafael gibt sich zu erkennen	
E.	<u>Danklied und Ermahnungen des alten Tobit</u>	13–14
13–14	Tobits Lobgesang und Blick in die Zukunft	
14	Tobias' gesegnete letzte Lebenszeit	

Merkstoff:

- Tobias reist in Begleitung des Engels (5)
- Tobias' und Saras Hochzeitsnacht (8)
- Heilung des blinden Tobit (11)
- Der Engel Rafael (12)
- Tobits Lobgesang (13)

DAS BUCH JUDIT (Jdt)

A. König Nebukadnezzar als Weltherrscher 1–3
1–2 Die den König Nebukadnezzar mißachtenden Völker sollen durch seinen Feldherrn Holofernes bestraft werden
3 Holofernes bedroht Judäa/die Festung Betulia

B. Das Volk Israel in Bedrängnis 4–7
4 Verteidigungsmaßnahmen und Bußfasten der Judäer
5–6 Achior warnt Holofernes und wird vor Betulia ausgesetzt
7 Betulia belagert, die Bewohner wollen die Übergabe

C. Judits rettende Tat 8–13
8 Judit ermahnt zum Gottvertrauen und kündigt ihre Rettungsaktion an
9–11 Judit bittet Gott um Beistand und nimmt Holofernes für sich ein
12 Judit beachtet die Reinheitsvorschriften des Gesetzes
13 Judit schlägt dem betrunkenen Holofernes den Kopf ab

D. Das Volk Israel feiert den Sieg 14–16
14 Achior bekehrt sich zum Gott Israels
15 Flucht der Feinde
16 Judits Lobgesang und Siegesfest in Jerusalem

Das Buch Judit erzählt von der Rettung des Gottesvolkes vor dem Riesenheer des Weltherrschers durch die mutige Tat einer gottesfürchtigen Witwe, die den feindlichen Feldherrn betört und enthauptet. Die Ereignisse sind geschichtlich kaum einzuordnen: Der Weltherrscher heißt Nebukadnezzar, residiert aber in Ninive und wird als Assyrerkönig bezeichnet; ein Feldherr Holofernes ist historisch nicht bezeugt, doch erinnert der Name an den eines Generals des Perserkönigs Artaxerxes III. (Orofernes). Durch mosaikartig zusammengesetzte Erinnerungen wird hier eine immer wiederkehrende Bedrohung des Gottesvolkes geschildert; ein spezieller Bezug auf die Bedrängnis durch Antiochus IV. Epiphanes (175–164 v. Chr.) und eine entsprechende Abfassungszeit können vermutet werden (vgl. 3,8 [bzw. Luther 3,11] sowie 6,2). Ursprünglich auf hebräisch abgefaßt, ist das Buch nur in griechischer Sprache überliefert.

Luther folgt in seiner Übersetzung der Vulgata, die in 1,1–2,14 eine abweichende Fassung überliefert (vgl. die Tabelle S. 199).

STÜCKE/ZUSÄTZE ZU ESTER
(St zu Est, EstG)

Das Esterbuch (s. S. 63) hat in der griechischen Übersetzung sechs größere Zusätze und ein Nachwort erhalten. Die Einheitsübersetzung [EÜ] hat diese Zusätze direkt in die Übersetzung des hebräischen Textes eingefügt. Weil die griechische Fassung des Esterbuches über die Zusätze hinaus selbständig durchgestaltet ist, bringt die Gute Nachricht [GN] das ganze Esterbuch ein zweites Mal nach der griechischen Fassung [EstG].

Die Stücke werden in den Bibelübersetzungen jeweils anders gekennzeichnet. Sie sind hier nach der Reihenfolge im griechischen Esterbuch aufgeführt, die mit der Abfolge in EÜ und GN übereinstimmt; Luther (L) hat die Stücke so umgeordnet, daß sich eine thematisch und chronologisch stimmige Abfolge ergibt. L zählt 7 Kapitel; GN bzeichnet die Zusätze durch die Buchstaben A bis F, EÜ kennzeichnet die zugefügten Verse nach der Ausgabe von Rahlfs durch a, b, c, angehängt an die letzte Versziffer vor der Zufügung (also z.B. 1a, 1b, 1c). Der Übersichtlichkeit wegen wird im folgenden die Zählung von GN zugrunde gelegt. (Abweichende Versabgrenzungen s. Tabelle S. 201f.)

nach 1,1

A Mordechais Traum (1-11) [EÜ 1,1a-1l; L 6,1-9]
Aufdeckung der Verschwörung (12-17) [EÜ 1,1m-1r; L entfällt]

nach 3,13

B Artaxerxes' Erlaß zur Ausrottung der Juden (1-7)
[EÜ 3,13a-13g; L 1,1-4]

nach 4,17

C Mordechais Gebet (1-11) [EÜ 4,17a-17i; L 2,1-8]
Esters Gebet (12-30) [EÜ 4,17k-17z; L 3,1-12]

statt 5,1-2

D Ester geht zum König (1-16) [EÜ 5,1a-1f. 2a-2b; L 4,1-12]

nach 8,12

E Der Erlaß zugunsten der Juden (1–24) [EÜ 8,12a-12x; L 5,1-16]

nach 10,3

F Die Deutung von Mordechais Traum (1–10) [EÜ 10,3a-3k; L 7,1-7]
Nachschrift (11) [EÜ 10,3l; L 7,8]

DAS 1. BUCH VON DEN MAKKABÄERN (1Makk)

A.	<u>Erhebung der Juden gegen die Unterdrückung ihres Glaubens</u>		1–2
	1	Abfall von Juden zur griechischen Lebensweise Verfolgung der Gesetzestreuen und Entweihung des Tempels durch Antiochus IV.	
	2	Der Aufstand des Priesters Mattatias und seiner Söhne (Makkabäeraufstand)	
B.	<u>Die Taten des Judas Makkabäus</u>		3–9
	3–4	Judas' Siege	
	4	Reinigung und Wiederweihe des Tempels	
	6	Das Ende Antiochus' IV.; der Thronverweser Lysias	
	7	Demetrius I.; Judas' Sieg über seinen General Nikanor	
	8	Bündnis mit Rom	
	9	Judas fällt gegen Demetrius' General Bakchides	
C.	<u>Die Taten von Judas' Bruder Jonatan</u>		9–12
	9	Jonatan zwingt Bakchides zum Abzug	
	10	Jonatan zwischen Demetrius I. und Alexander Balas; Sieg über den von Demetrius II. ernannten Statthalter Apollonius	
	11	Jonatan zwischen Demetrius II. und Antiochus VI.	
	12	Jonatan fällt dem Verräter Tryphon zum Opfer	
D.	<u>Simeon vollendet das Werk seiner Brüder</u>		13–16
	13	Anerkennung Simeons durch Demetrius II.	
	14	Preislied auf Simeon, Übertragung der erblichen Hohenpriesterwürde	
	15	Antiochus VII. geht gegen Simeon vor, sein General Kendebäus von Simeons Söhnen besiegt	
	16	Johanan wird Nachfolger Simeons	

Dargestellt werden die Ereignisse vom Regierungsantritt des Seleuzidenkönigs Antiochus IV. Epiphanes (175 v. Chr.) bis zum Tod des jüdischen Hohenpriesters und Herrschers Simeon (135 v. Chr.). Unter Antiochus IV. kam es im Judentum zur Auseinandersetzung zwischen gesetzestreuen Kreisen und Vertretern der »Hellenisierung«, die für eine Anpassung an die griechische Philosophie und Lebensweise eintraten. Antiochus unterstützte die Hellenisierung im Interesse der Einheit seines weitverzweigten Reiches. Er ließ den Tempel von Jerusalem plündern, verbot Beschneidung, Opferdienst und Sabbatheiligung und errichtete im Tempel einen Zeus-Altar (169–168 v. Chr.).

DAS 2. BUCH VON DEN MAKKABÄERN (2 Makk)

A. Briefe der Juden in Jerusalem an die Juden in Ägypten		1–2
1–2	Zwei Briefe zum Fest der Tempelweihe	
B. Vorgeschichte des Makkabäeraufstands		3–7
3	Heliodor an der Ausplünderung des Tempels gehindert	
4	Jason treibt die Hellenisierung Jerusalems voran Sein Rivale Melenaus veranlaßt die Ermordung des Hohenpriesters Onias	
5	Antiochus IV. betritt den Tempel und raubt ihn aus	
6–7	Verbot der jüdischen Religion und standhafte Glaubenszeugen: der Schriftgelehrte Eleasar und die Mutter mit den sieben Söhnen	
C. Vom Makkabäeraufstand bis zur Rücknahme des Religionsedikts		8–11
8	Der Makkabäeraufstand	
9	Krankheit und Reue Antiochus' IV.	
10	Wiederweihe des Tempels; weitere Kämpfe	
11	Erlaubnis der jüdischen Religionsausübung durch Antiochus V.	
D. Weitere Erfolge des Makkabäers Judas		12–15
12–13	Verschiedene Feldzüge; Siege über Antiochus V.	
14–15	Unter Demetrius I. Sieg über Nikanor; Nikanortag	

Nach dem Vorwort (2,19-32) ist das 2. Makkabäerbuch ein Auszug aus dem ausführlichen fünfbändigen Geschichtswerk eines Jason aus Zyrene. Chronologisch gesehen ist es nicht die Fortsetzung des 1. Makkabäerbuchs, sondern eine Parallelversion, die mit Ereignissen gegen Ende der Regierung Seleukus' IV. (gest. 175 v. Chr.) einsetzt, die gesamte Regierungszeit Antiochus' IV. umfaßt und mit dem Sieg über Nikanor zu Beginn der Regierung Demetrius' I. endet (161/160 v. Chr.).

Theologisch interessante Themen:

- Erschaffung der Welt »aus dem Nichts« als Grundlage des Glaubens an die Auferstehung der Toten (7,28f; vgl. 7,9.11.14.23.29.36)
- Sühnopfer für die im Kampf Gefallenen als Zeugnis des Auferstehungsglaubens (12,42-45)

DAS BUCH DER WEISHEIT/WEISHEIT SALOMOS (Weish)

A.	Der Weisheit zu folgen bringt Lohn	1–6
1 (6)	Mahnung an die Mächtigen	
2–5	Ewiges Leben für die Frommen, Gericht für die Gottlosen	
6	Aufruf, die Weisheit zu suchen	
B.	Wesen und Wirken der Weisheit	6 – 9
6–9	Salomo als exemplarischer Weisheitslehrer Die Weisheit als Abglanz Gottes (7)	
C.	Wirken der Weisheit in der Geschichte (I)	10–12
10–11	Die rettende und strafende Macht der Weisheit: – von Adam bis Noach – beim Auszug Israels aus Ägypten: Plagen und Wohltaten	
12	Gott als Freund des Lebens: die Güte des Mächtigen	
D.	Einschaltung: Die Unvernunft des Götzendienstes	13–15
E.	Wirken der Weisheit in der Geschichte (II)	15–19
15–19	Fortsetzung der Gegenüberstellung von Plagen und Wohltaten Die Schöpfung als Werkzeug Gottes (19)	

Merkstoff:
- Spott der Gottlosen über den Gerechten: »Ist er Gottes Sohn, so soll ihm der helfen« (2,18)
- Der Tod kam durch den Neid des Teufels in die Welt (2,24)
- »Die Seelen der Gerechten sind in Gottes Hand« (3,1)
- Die Weisheit als Abglanz Gottes durchwaltet das All (7,22ff)
- Gott als Freund des Lebens – die Güte des Mächtigen (11,17–12,1)
- Götzendienst als Verwechslung von Schöpfer und Geschöpf (13)

DAS BUCH JESUS SIRACH/SIRACH (Sir)

Das Weisheitsbuch des Jesus Sirach entstand vor einem ähnlichen Hintergrund wie das Buch der »Weisheit Salomos«: in einer Zeit, als im Judentum durch die Annäherung an griechisches Denken und griechische Bildung die Überlieferungen des eigenen Volkes abgewertet wurden und in Vergessenheit zu geraten drohten. In 50,27 (Luther 50,29) wird der Verfasser genannt – ein in Jerusalem lebender Jude namens Jesus, Sohn bzw. Enkel Sirachs (im Griechischen wurde daraus Jesus Sirach). Das Werk ist vermutlich um 190 v.Chr. entstanden. Ungefähr fünfzig Jahre später wurde es laut Vorwort vom Enkel des Verfassers ins Griechische übersetzt.

Merkstoff:

- Gottes Weisheit wohnt in Israel (24)
- Über Krankheit, Arznei und Arzt (38)
- Lob der Väter (44–50)
- »Nun danket alle Gott« (50,22-24)

DAS BUCH BARUCH UND DER BRIEF JEREMIAS (Bar, BrJer)

A. Bußgebet der Verbannten in Babylonien 1–3

B. Mahn-, Klage- und Trostworte 3–5

3,9–4,4 Gesetzesgehorsam als Voraussetzung des Heils
Gottes verborgene Weisheit ist Israel im Gesetz gegeben

4,5–5,9 Klage und Tröstung Jerusalems

C. Brief Jeremias: Die Torheit des Götzendienstes 6

Das Anliegen der kleinen Schrift geht aus dem Mittelteil 3,9–4,4 hervor: Der Verfasser kämpft dagegen, daß Israel Weisheit bei den griechischen Philosophen sucht. Gott schenkt Weisheit, darum muß sie auch bei ihm gesucht werden; und die Weisheit ist identisch mit dem Gesetz Moses.

Nach dem Vorbild der Vulgata wird der selbständige »Brief Jeremias« in Einheitsübersetzung und Lutherbibel als 6. Kapitel an das Baruchbuch angehängt. An die zur Deportation nach Babylonien bestimmten, also noch nicht dort angekommenen Gefangenen adressiert, enthält der Brief eine spöttische Predigt gegen den Götzendienst.

STÜCKE/ZUSÄTZE ZU DANIEL
(St zu Dan, DanZ)

Das hebräisch-aramäische Danielbuch wurde bei der Übersetzung ins Griechische um eine Reihe von Daniel-Erzählungen und die Gebete im Feuerofen erweitert. Die Danielgeschichten sind in der Septuginta teils vor (Susanna), teils hinter dem Buch (Bel und der Drache) angeordnet; nur die Gebete im Feuerofen sind in den Danieltext eingefügt. Zur Anordnung und Zählung vgl. die Vorbemerkung zu den Ester-Zusätzen S. 201.

nach Dan 3,23

A Das Gebet Asarjas im Feuerofen (1-22) [EÜ Dan 3,24-45; L 3,1-21]
Der Lobgesang der drei Männer im Feuerofen (23-67)
[EÜ Dan 3,46-90; L 3,22-66]

vor Dan 1,1

B Rettung der unschuldig angeklagten Susanna durch den weisen Daniel (1-64) [EÜ Dan 13,1-64; L 1,1-64]

nach Dan 12,13

C Daniel entlarvt den Götzen Bel (1-22) [EÜ Dan 14,1-22; L 2,1-21]
Daniel besiegt den Drachen, muß in die Löwengrube und wird vom Propheten Habakuk mit Essen versorgt (23-42)
[EÜ Dan 14,23-42; L 2,22-41]

DAS GEBET MANASSES (GebMan)

Unter den »Oden« der Septuaginta findet sich in einigen späten Handschriften ein »Gebet Manasses«, das offenbar als Ergänzung zu 2. Chronik 33,11-13 verfaßt wurde. Es findet sich auch im Anhang der Vulgata; in einigen lateinischen Handschriften des 13. Jh. wurde es als Ergänzung direkt zu 2. Chronik 33 gestellt. Am frühesten bezeugt wird es durch die wohl aus dem 3. Jh. nach Christus stammende syrische Didascalia Apostolorum (Lehre der Apostel).

zu 2. Chronik 33,11-13

Das Gebet des Königs Manasse:
Preis der Größe und Liebe Gottes (1), der Umkehr gewährt (8);
Klage (9), Sündenbekenntnis und Vergebungsbitte (11);
immerwährender Lobpreis (15)

NEUES TESTAMENT

GESCHICHTLICHE SCHRIFTEN

DIE SYNOPTISCHEN EVANGELIEN (SYNOPTIKER)

Im Unterschied zum Johannesevangelium bezeichnet man die drei ersten Evangelien als die »synoptischen«, weil sie in der Reihenfolge des Berichteten und bis in den Wortlaut hinein in hohem Maß übereinstimmen und deshalb bequem in einer Synopse (= Zusammenschau) nebeneinandergestellt werden können.

Ein genauer Textvergleich läßt erkennen, daß Matthäus und Lukas unabhängig voneinander Markus als Quelle benutzt haben müssen. Darüber hinaus enthält jedes der beiden anderen Evangelien nur bei ihm vorkommende Sonderüberlieferungen (»Sondergut«; im folgenden = S), aber auch eine größere Anzahl von Texten, die beiden gemeinsam sind und auf eine uns nicht überlieferte weitere Quelle verweisen, die offenbar überwiegend Wortüberlieferungen enthalten hat (Reden- oder Logienquelle, auch einfach Q genannt; im folgenden = Q).

Man spricht deshalb von einer »Zwei-Quellen-Theorie«, die geeignet erscheint, Gemeinsamkeiten und Unterschiede zwischen den synoptischen Evangelien auf plausible Weise zu erklären.

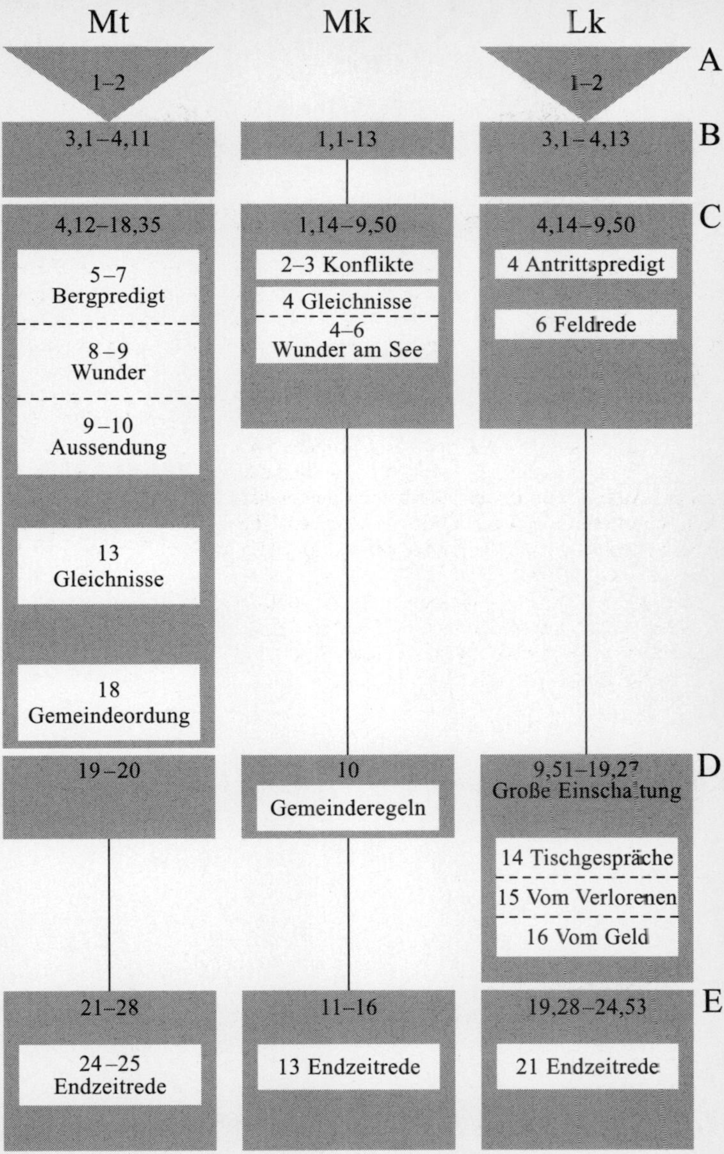
Mt
Mk
Lk
A
1–2
1–2
B
3,1–4,11
1,1-13
3,1–4,13
C
4,12–18,35
5–7
Bergpredigt
8–9
Wunder
9–10
Aussendung
13
Gleichnisse
18
Gemeindeordung
1,14–9,50
2–3 Konflikte
4 Gleichnisse
4–6
Wunder am See
4,14–9,50
4 Antrittspredigt
6 Feldrede
D
19–20
10
Gemeinderegeln
9,51–19,27
Große Einschaltung
14 Tischgespräche
15 Vom Verlorenen
16 Vom Geld
E
21–28
24–25
Endzeitrede
11–16
13 Endzeitrede
19,28–24,53
21 Endzeitrede

A. Vorgeschichte (1–2)

1 [S] Stammbaum (1) und Jungfrauengeburt; *Jes 7,14* (18): Jesus als Davids- und Gottessohn

2 [S] Huldigung der Weisen aus dem Morgenland; *Mi 5,1* (1)
[S] Flucht nach Ägypten; *Hos 11,1* (13). Kindermord in Betlehem; *Jer 31,15-16* (16)
[S] Rückkehr aus Ägypten nach Nazaret; der »Nazoräer« (19)

B. Vorbereitung des Auftretens Jesu (3,1–4,22)

3 Johannes der Täufer: Ankündigung des Gottesreichs (1),
Bußpredigt (7) und Hinweis auf den Stärkeren (11)
Taufe Jesu durch den widerstrebenden Johannes (13)
4 [Q] Dreifache Versuchung Jesu (1)
[S] Jesus läßt sich in Galiläa nieder; *Jes 8,23–9,1* (12);
Ankündigung des Gottesreichs (17)
Berufung der ersten Jünger (18)

C. Wirken Jesu in Galiläa (4,23–18,35)

4 [S] Jesus lehrt und heilt, das Volk sammelt sich um ihn (23)
Die Rede auf dem Berg / Bergpredigt (5–7):
5 Einleitung (1)
[Q] Seligpreisungen (3). Die Jünger als Salz und Licht (13)
[S] Das ganze Gesetz erfüllen: die bessere Gerechtigkeit (17)
Jesu Auslegung des Gesetzes in »Antithesen«:
– [S] Tötung – Zorn (21); [Q] rechtzeitige Versöhnung (25)
– [S] Ehebruch – begehrlicher Blick (27)
– [S] Nicht falsch schwören – gar nicht schwören (33)
– [Q] Maßvolle Vergeltung – Verzicht auf Vergeltung (38)
– [Q] Den Nächsten lieben – den Feind lieben (43)
[Q] Fazit: Vollkommen sein wie der Vater im Himmel (45.48)
6 Frömmigkeit ohne Zurschaustellung (1):
– [S] beim Almosengeben (2)
– [S] beim Beten (5); [Q] das Vaterunser (9)
– [S] beim Fasten (16)
[Q] Nicht Schätze auf Erden sammeln (19)
[Q] Nicht zwei Herren dienen (24)
[Q] Nicht sorgen um den Lebensunterhalt, sondern um Gottes Reich (25)
7 [Q] Nicht richten (1); Splitter und Balken im Auge (3)
[Q] Zusage der Gebetserhörung: »Bittet, so wird euch gegeben« (7)
[Q] Die Goldene Regel (12)
[Q] Die beiden Wege (13)
[S] Warnung vor falschen Propheten: Wölfe im Schafspelz (15)
[Q] An den Früchten wird der Baum erkannt (16)
[Q] Das Tun zählt, nicht das »Herr, Herr«-Sagen (21)
[Q] Gleichnis vom Hausbau/Haus auf dem Felsen (24)
Wirkung der Bergpredigt: Jesus lehrt in Vollmacht (28)
Jesu Wunder (8–9):
8 Heilung eines Aussätzigen (1)
[Q] Der Glaube des Hauptmanns von Kafarnaum/Kapernaum (5)
Schwiegermutter des Petrus und weitere Heilungen (14)

Heilungen als Erfüllung von *Jes 53,4* (17)
[Q] Rückhaltlose Nachfolge: »Laß die Toten ihre Toten begraben« (18)
Sturmstillung, Kleinglaube der Jünger (23)
Die beiden Besessenen von Gadara; Austreibung der Geister in die Schweine (28)

9 Heilung des Gelähmten; Jesu Vollmacht zur Sündenvergebung (1)
Berufung des Zöllners Matthäus und Zöllnermahl (9); Hinweis auf *Hos 6,6* (13)
Fastenfrage: Hochzeitsgäste, Flicken auf altem Kleid, neuer Wein in alten Schläuchen (14)
Heilung der blutflüssigen Frau und Auferweckung der Tochter des Gemeindevorstehers [Jairus] (18)
Heilung zweier Blinder (27) und eines besessenen Stummen (32)

10 *Aussendung der Zwölf zu den verlorenen Schafen Israels:*
[Q] Große Ernte, wenig Arbeiter (9,35)
Bevollmächtigung der Zwölf; Namensliste (10,1)
Aussendungsrede: Auftrag und Verhalten (5), Verfolgungen (16), furchtloses Bekenntnis (26); nicht Frieden, sondern Entzweiung/ Schwert (34). »Wer euch aufnimmt, nimmt mich auf« (40)

11 [Q] Täuferanfrage und Antwort Jesu (2)
[Q] Jesu Zeugnis über den Täufer (7)
[Q] Weherufe über Städte Galiläas (20)
[Q] Lobpreis des Vaters; [S] Heilandsruf: »Kommt her zu mir« (25)

12 Ährenraufen am Sabbat (1); Hinweis auf *Hos 6,6* (7)
Heilung der verdorrten Hand am Sabbat (9)
Der Gottesknecht: Erfüllung von *Jes 42,1-4* (15)
Jesus im Bund mit dem Teufel? (22)
Die Sünde gegen den Heiligen Geist (31)
[Q] Zeichenforderung und Zeichen des Jona (38)
[Q] Warnung vor der Rückkehr des ausgetriebenen Geistes (43)
Jesu wahre Familie (46)

13 *Gleichnisrede:*
Vom Sämann bzw. viererlei Ackerboden (3)
Warum Gleichnisse? (10)
Erklärung des Sämannsgleichnisses (18)
[S] Vom Unkraut unter dem Weizen (24)
Vom Senfkorn; [Q] vom Sauerteig (31)
Gleichnisrede als Erfüllung von *Ps 78,2* (34)
[S] Erklärung des Unkrautgleichnisses (36)
[S] Vom Schatz im Acker und der kostbaren Perle (44)
[S] Vom Fischnetz; mit Deutung (47)
[S] Abschluß: Der neue Schriftgelehrte als Hausvater (51)
Jesus in Nazaret (54)

14 Herodes Antipas über Jesus: der wiedererstandene Täufer (1)
Der Tod Johannes des Täufers (3)

Speisung der Fünftausend (13)
Seewandel Jesu; [S] sinkender Petrus (22)
Krankenheilungen in Gennesaret (34)
15 Über rein und unrein (1)
Der Glaube der kanaanäischen Frau (21)
Krankenheilungen und Speisung der Viertausend (29)
16 Zeichenforderung erneut abgewiesen (1)
Der Sauerteig der Pharisäer und Sadduzäer (5)
Petrusbekenntnis; [S] Petrus als Fels und die Schlüssel des Himmelreichs (13)
Erste Leidensankündigung und Zurechtweisung des Petrus (21)
Kreuznachfolge (24)
17 Die Verklärung: Jesus zwischen Mose und Elija (1)
Der Täufer als der wiedergekommene Elija (10)
Heilung eines besessenen Jungen, Kleinglaube der Jünger (14)
Zweite Leidensankündigung (22)
[S] Über die Zahlung der Tempelsteuer (24)
18 *Rede über das Zusammenleben in der Gemeinde:*
Das Kind als Vorbild (1)
Sorge um die »Kleinen« (6); Gleichnis vom verlorenen Schaf (10)
[S] Gemeindezucht unter Brüdern (15)
[S] Unbegrenzte Vergebungsbereitschaft; Gleichnis vom Schalksknecht (21)

D. Jesus auf dem Weg nach Jerusalem (19–20)

19 Aufbruch nach Judäa (1)
Über Ehescheidung; [S] Eunuchen um des Himmelreichs willen (3)
Segnung der Kinder (13)
Jesus und der reiche Jüngling (16); Lohn der Nachfolge (27)
20 [S] Gleichnis von den Arbeitern im Weinberg (1)
Dritte Leidensankündigung (17)
Bitte der Mutter der Zebedäussöhne; »Der Menschensohn ist gekommen, um zu dienen« (20)
Heilung zweier Blinder bei Jericho (29)

E. Jesus in Jerusalem (21–28)

21 Einzug in Jerusalem; *Sach 9,9* (1)
Tempelreinigung (12); [S] Heilungen im Tempel und Jubel der Kinder; *Ps 8,3* (14)
Verfluchung des Feigenbaums, Beispiel für die Macht des Glaubens (18)
Die Vollmachtsfrage: Wer hat Jesus bevollmächtigt (23)
[S] Gleichnis von den beiden Söhnen (28)

Gleichnis von den Weingärtnern (33)
22 Gleichnis vom Hochzeitsmahl (1); [S] das hochzeitliche Kleid (11)
Pharisäerfrage nach der Kaisersteuer [Zinsgroschen] (15)
Sadduzäerfrage nach der Auferstehung (23)
Frage nach dem höchsten Gebot (34)
Davids Sohn oder Davids Herr? (41)
23 *Gegen die Pharisäer und Schriftgelehrten:*
[Q] Ihr schlechtes Vorbild (2)
[S] Keine Ehrentitel in der Gemeinde (8)
[Q] Sieben Weherufe (13)
[Q] Strafe für die Verfolgung der Boten Jesu (34)
[Q] Wehklage über Jerusalem (37)
Endzeitrede [Synoptische Apokalypse] und Gleichnisse (24–25):
24 Ankündigung der Tempelzerstörung (1)
Der Beginn der Geburtswehen (3)
Verfolgung (9), [S] weltweite Predigt des Evangeliums (14)
»Greuel der Verwüstung« und Heimsuchung Judäas (15)
Warnung vor falschen Propheten (23)
Erscheinen des Menschensohns (29)
Gleichnis vom Feigenbaum (32) und Mahnung zur Wachsamkeit (36)
[Q] Gleichnis vom guten und bösen Diener (45)
25 [S] Gleichnis von den zehn Jungfrauen (1)
[Q] Gleichnis von den anvertrauten Zentnern/Talenten (14)
[S] Das Weltgericht (31)
Passion und Kreuzestod (26–27):
26 Letzte Leidensankündigung; Tötungsbeschluß der Hohenpriester und Ältesten (1)
Salbung in Betanien (6)
Verrat des Judas (14)
Vorbereitung des Passamahls (17)
Das letzte Mahl: Bezeichnung des Verräters, Einsetzung des Herrnmahls (20)
Gang zum Ölberg, Ankündigung der Verleugnung des Petrus (31)
Gebetskampf im Garten Getsemani/Getsemane (36)
Gefangennahme (47); die Schrift muß sich erfüllen (51)
Jesus vor dem Hohen Rat; Todesurteil (57)
Verleugnung Jesu durch Petrus (62)
27 Auslieferung an Pilatus (1)
[S] Reue und Ende des Judas; der Blutacker; *Sach 11,12-13* (3)
Verhandlung vor Pilatus (11); [S] der Traum seiner Frau (19)
»Sein Blut komme über uns« (24)
Verspottung Jesu (27)
Kreuzigung (32) und Tod (45); Grablegung (57)
[S] Die Wächter am Grab (62)
28 Die Frauen am Grab; [S] Erdbeben und Engelerscheinung (1)

[S] Erscheinung Jesu vor den Frauen (9)
[S] Bericht der Grabwächter; Betrug der Hohenpriester (11)
[S] Erscheinung Jesu vor den Elf in Galiläa und Missionsbefehl (16)

Wichtiges in Kürze

Entstehung: um 80 n.Chr. im syrischen Raum
Theologisches Profil:
- o Jesus als Ziel und Erfüllung der Geschichte Israels (vgl. 1,1ff): »Erfüllungs-« bzw. »Reflexionszitate« (1,22f usw.)
- o Unbedingte Geltung des Gesetzes; Forderung einer »besseren Gerechtigkeit« (Bergpredigt; 5,20; 6,33) in Konzentration auf das Liebesgebot (5,43ff; 9,13a). Dies ist auch der Maßstab im letzten Gericht (25,34f)
- o Wendung gegen den Kleinglauben, der die Gemeinde immer wieder bedroht (6,30; 8,26; 14,31; 16,8; 17,20)
- o Jesus ist zunächst nur zu Israel gesandt (15,24; vgl. 10,5f). Seine Ablehnung durch dessen Repräsentanten führt zur Einladung aller Völker in das Gottesreich (22,1ff; 28,19)

Probleme: Einseitiges Bild der pharisäischen Frömmigkeit, das nicht verallgemeinert werden darf (Kap 23); in der Situation der Matthäus-Gemeinde begründeter »Antijudaismus« (27,25)
Merkstoff (mit Markus gemeinsamer Stoff s. Markus S. 138):
- Jungfrauengeburt (1)
- Weise aus dem Morgenland (2); Flucht nach Ägypten (2)
- Sinkender Petrus (14)
- Tempelsteuer (17)
- Ende des Judas (27); Grabwächter (27; 28)
- Erscheinung in Galiläa und Missionsbefehl (28)
- Gleichnisse: Unkraut unter dem Weizen, Schatz im Acker, Perle, Fischnetz (13); Arbeiter im Weinberg (20); Zehn Jungfrauen (25)
- Das Weltgericht (25)

Matthäus und Lukas gemeinsam (= Q):
- Jesu Versuchung (Mt 4 / Lk 4)
- Seligpreisungen (5 / 6)
- Feindesliebe (5 / 6)
- Vaterunser (6 / 11)
- Nicht sorgen (6 / 12)
- Goldene Regel (7 / 6)
- Hauptmann von Kafarnaum (8 / 7)
- Täuferanfrage; Jesus über den Täufer (11 / 7)
- Gegen Pharisäer und Schriftgelehrte (23 / 11)
- Gleichnisse: Großes Festmahl (22 / 14); anvertraute Pfunde/Talente (25 / 19)

A. (entfällt bei Markus)

B. Vorbereitung des Auftretens Jesu (1,1-13)

1 Anfang des Evangeliums (1)
Johannes der Täufer als Wegbereiter: Bußtaufe und Ankündigung des Stärkeren (2)
Taufe Jesu und Himmelsstimme (9), Versuchung und paradiesischer Frieden (12)

C. Wirken Jesu in Galiläa (1,14–9,50)

1 Jesus verkündet das Evangelium (14)
Berufung der ersten Jünger (16)
Lehre und Dämonenaustreibung in der Synagoge von Kafarnaum (21)

Heilung der Schwiegermutter des Petrus (29) und weitere Heilungen (32)
Unterwegs in Galiläa: Evangeliumspredigt und Dämonenaustreibungen (35)
Heilung eines Aussätzigen (40)
Konflikte Jesu mit jüdischen Autoritäten (2,1–3,6):
2 Jesu Vergebungsvollmacht und die Heilung des Gelähmten (1)
Berufung Levis und Zöllnermahl; Jesu Sendung zu den Sündern (13)
Fastenfrage: Hochzeitsgäste, Flicken auf altem Kleid, neuer Wein in alten Schläuchen (18)
Ährenraufen der Jünger am Sabbat (23)
3 Heilung der verdorrten Hand am Sabbat (1)
Beschluß, Jesus zu töten (6)
Zustrom zu Jesus, Heilungen am See (7); die Dämonen kennen Jesus; Schweigegebot (11)
Einsetzung der Zwölf; Namensliste (13)
[S] Jesu Familie: »Er ist verrückt geworden« (20)
Jesus im Bund mit dem Teufel? (22)
Die Sünde gegen den Heiligen Geist (28)
Jesu wahre Familie (31)
4 *Gleichnisse vom Gottesreich (4,1-34):*
Jesus spricht vom Boot aus (1)
Vom Sämann bzw. viererlei Ackerboden (3)
Warum Gleichnisse? (10)
Erklärung des Sämannsgleichnisses (13)
Zunehmendes Verständnis (21)
[S] Von der selbstwachsenden Saat (26)
Vom Senfkorn (30)
Wunder am See Gennesaret (4,35–6,51):
Sturmstillung; Aufforderung zum Glauben (35)
5 Der Bessesene von Gerasa; Austreibung der Geister in die Schweine (1)
Heilung der blutflüssigen Frau und Auferweckung der Jairus-Tochter (21)
6 Verwerfung Jesu in Nazaret (1)
Aussendung der Zwölf (7)
Meinungen im Volk über Jesus; Herodes Antipas: »Der auferstandene Täufer!« (14)
Der Tod Johannes des Täufers (17)
Rückkehr der Apostel und Speisung der Fünftausend (30)
Seewandel Jesu: »Ich bin's« (45)
Krankenheilungen in Gennesaret (53)
7 Über rein und unrein: Gottes Gebot und menschliche Überlieferungen (1)
Der Glaube der Syrophönizierin (24)
[S] Heilung eines Taubstummen (31)

8 Speisung der Viertausend (1)
Abweisung der Zeichenforderung der Pharisäer (11)
Warnung vor dem Sauerteig der Pharisäer und Herodianer (14)
[S] Stufenweise Blindenheilung (22)
Petrusbekenntnis und Schweigegebot (27)
Erste Leidensankündigung und Zurechtweisung des Petrus (31)
Kreuznachfolge (34)
9 Verklärung Jesu mit Mose und Elija (2)
Vom wiedergekommenen Elija (11)
Heilung eines besessenen Jungen – »Ich glaube, hilf meinem Unglauben« (14)
Zweite Leidensankündigung (30)
Rangstreit der Jünger (33)
Der fremde Exorzist; »Wer nicht gegen uns ist, ist für uns« (38)
Warnung vor Ärgernisgeben und Verführungen (42); Gleichnis vom Salz (50)

D. Jesus auf dem Weg nach Jerusalem (Kap 10)

10 Aufbruch nach Judäa (1)
Regeln für das Leben in der Gemeinde (10,2-45):
Streitgespräch über Ehescheidung (2)
Kindersegnung: Kinder als Vorbild des Empfangens (13)
Jesus und der Reiche (17); Gefahr des Reichtums (23) und Lohn der Nachfolge (28)
Dritte Leidensankündigung (32)
Bitte der Zebedäussöhne; Umkehrung der weltlichen Rangordnung. »Der Menschensohn ist gekommen, um zu dienen« (35)
Heilung des blinden Bartimäus bei Jericho (46)

E. Jesus in Jerusalem (11–16)

11 Einzug in Jerusalem (1)
Verfluchung des Feigenbaums (12)
Tempelreinigung (15)
Gespräch über den verdorrten Feigenbaum; erhörungsgewisses Gebet (20)
Schul- und Streitgespräche (11,27–12,37):
Vollmachtsfrage: Woher hat Jesus seine Vollmacht? (27)
12 Gleichnis von den Weingärtnern (1)
Pharisäerfrage nach der Kaisersteuer [Zinsgroschen] (13)
Sadduzäerfrage nach der Auferstehung (18)
Frage nach dem höchsten Gebot (28)
Der Messias: Davids Sohn oder Davids Herr? (35)
Warnung vor den Schriftgelehrten (38)

Opfer [Scherflein] der Witwe (41)
13 *Endzeitrede/Synoptische Apokalypse (13,1-37):*
Ankündigung der Tempelzerstörung (1)
Der Beginn der Geburtswehen (3)
Verfolgung der Jünger (9)
»Greuel der Verwüstung« und letzte Schreckenszeit (14); Warnung vor falschen Propheten (21)
Kommen des Menschensohns auf den Wolken (24)
Gleichnis vom Feigenbaum (28) und Mahnung zur Wachsamkeit (32)
Passion und Kreuzestod (14–15):
14 Tötungsplan der Hohenpriester und Schriftgelehrten (1)
Salbung in Betanien (3)
Verrat des Judas (10)
Vorbereitung des Passamahls (12)
Das letzte Mahl: Ankündigung des Verrats, Einsetzung des Herrnmahls (17)
Gang zum Ölberg, Ankündigung der Verleugnung des Petrus (26)
Gebetskampf in Getsemani/Getsemane (32)
Gefangennahme (43)
[S] Flucht des nackten Jünglings (51)
Jesus vor dem Hohen Rat; Todesurteil und Verspottung (53)
Verleugnung Jesu durch Petrus (66)
15 Jesus vor Pilatus; Barabbas oder Jesus? (1)
Verurteilung und Geißelung (6)
Verspottung durch die Kriegsknechte (16)
Kreuztragung durch Simon von Zyrene; Kreuzigung (21) und Tod (33);
Bekenntnis des Hauptmanns (39)
Frauen als Zeuginnen (40)
Grablegung (42)
16 Die Frauen am leeren Grab; Engelsbotschaft (1)
Späterer Schluß des Evangeliums: Erscheinungen des Auferstandenen und Missionsbefehl (9)

Wichtiges in Kürze

Entstehung: Bald nach 70 n.Chr., Rom oder syrischer Raum
Theologisches Profil:
- Erstmalige Erwähnung der Literaturgattung »Evangelium« (1,1)
- Jesus tritt als der zunächst verborgene »Sohn Gottes« auf (sog. »Messiasgeheimnis«; s. Merkstoff). Er kann erst vom Ende her, vom Kreuz (8,31-35) und der Auferstehung (9,9), angemessen verstanden werden. Deshalb Schweigegebot an Jünger (8,30) und Dämonen (1,24f.34; 3,11f) und durchgehende Betonung des »Jüngerunverständnisses« (vgl. besonders 9,10.32)

Merkstoff:

- Jesus als Sohn Gottes bzw. Christus: Buchüberschrift (1,1); Taufe (1,11); Wissen der Dämonen (3,11); Petrusbekenntnis (8,29); Verklärung (9,7); Verhör (14,61f); Bekenntnis des Hauptmanns (15,39)
- Heilung des Gelähmten (2); Sabbatkonflikt (2; 3)
- Gleichnisse: vierfacher Ackerboden, selbstwachsende Saat (4)
- Sturmstillung (4); Speisung (6); blinder Bartimäus (10)
- Rein und unrein (7)
- Kindersegnung (10); Reicher Jüngling (10)
- Synoptische Apokalypse (13)
- Leeres Grab (16)

A.	Vorgeschichte	1–2
1–2	Geburtsankündigung und Geburt von Täufer und Jesus	
2	Jesus im Tempel: Darstellung und Zwölfjähriger	
B.	Vorbereitung des Auftretens Jesu	3–4
3	Täuferpredigt und Taufe; Stammbaum Jesu	
4	Versuchung	
C.	Wirken Jesu in Galiläa	4–9
4	Antrittspredigt in Nazaret	
5	Fischzug und Berufung des Petrus	
6–8	Kleine Einschaltung (6,20–8,3): Feldrede, Jüngling von Nain, Täuferanfrage, Salbung durch die Sünderin, Frauen folgen Jesus	
8	Gleichnisse	
9	Aussendung der Zwölf, Speisung der Fünftausend	
	[Große Auslassung: Mk 6,45–8,26]	
	Petrusbekenntnis und Verklärung	
D.	Jesus auf dem Weg nach Jerusalem (Große Einschaltung: Lukanischer Reisebericht)	9–19
10	Aussendung der Siebzig/Zweiundsiebzig	
	Barmherziger Samariter. Maria und Marta	
11	Vaterunser und Gebetsanleitung	
	Weherufe über Pharisäer und Schriftgelehrte	
12	Gegen falsche Sorgen	
13	Unfruchtbarer Feigenbaum	
	Heilung der verkrümmten Frau am Sabbat	
14	Tischreden	
15	Drei Gleichnisse vom Verlorenen	
16	Gleichnis vom ungerechten Haushalter	
	Reicher Mann und armer Lazarus	
17	Dankbarer Samariter	
18	Gleichnis vom Richter und der Witwe	
	Pharisäer und Zöllner	
19	Zachäus. Anvertraute Pfunde	
E.	Jesus in Jerusalem	19–24
19–20	Einzug in Jerusalem und Auseinandersetzungen	
21	Opfer (Scherflein) der Witwe	
	Untergang Jerusalems und Weltende (Synoptische Apokalypse)	

22–23 Passion und Kreuzestod
24 Erscheinungen des Auferstandenen (u.a. Emmausjünger)
Himmelfahrt

A. Vorgeschichte (1–2)

1 [S] Vorrede an Theophilus (1)
[S] Ankündigung der Geburt des Täufers aus einer Unfruchtbaren (5)
[S] Ankündigung der Geburt Jesu aus einer Jungfrau (26)
[S] Maria bei Elisabet (39): Begegnung der ungeborenen Kinder; Lobgesang Marias [Magnificat] (46)
[S] Geburt und Namengebung des Täufers Johannes (57); Lobgesang des Zacharias [Benedictus] (67)
2 [S] Reise nach Betlehem und Geburt Jesu im Stall (1); Engel und Hirten (8)
[S] Beschneidung und Namengebung Jesu (21)
[S] Darstellung im Tempel (22); Lobgesang Simeons [Nunc dimittis] und Lobpreis Hannas (25)
[S] Rückkehr nach Nazaret (39)
[S] Der zwölfjährige Jesus im Tempel (41)

B. Vorbereitung des Auftretens Jesu (3,1–4,13)

3 Auftreten des Täufers [datiert] (1); Buß- und [S] Standespredigt (7); Ankündigung des Stärkeren (15)
Gefangennahme des Täufers durch Herodes Antipas (19)
Taufe Jesu [rückgreifend erzählt] (21)
[S] Stammbaum Jesu (23)
4 [Q] Dreifache Versuchung (1)

C. Wirken Jesu in Galiläa (4,14–9,50)

4 Jesus lehrt in den Synagogen (14)
[S] Antrittspredigt und Tötungsversuch in Nazaret (16)
Dämonenaustreibung in der Synagoge von Kafarnaum (31)
Heilung der Schwiegermutter des Petrus und weitere Heilungen (38)
Gottesreichspredigt in den Synagogen (42)
5 [S] Fischzug und Berufung des Petrus (1)
Heilung eines Aussätzigen (12)
Heilung eines Gelähmten (17)
Berufung Levis und Zöllnermahl (27)
Fastenfrage (33)
6 Ährenraufen am Sabbat (1)

Heilung der verdorrten Hand am Sabbat (6)
Jesus betet und erwählt die Zwölf; Namensliste (12)
Feldrede (6,17-49):
Um Jesus versammelt: Apostel, Jüngerschar, Volksmenge (17)
[Q] Seligpreisungen und Weherufe (20)
[Q] Feindesliebe (27)
[Q] Nicht richten, sondern verzeihen (36); Balken im Auge (39)
[Q] An den Früchten erkennt man den Baum (43)
[Q] Gleichnis vom Hausbau/Haus auf dem Felsen (46)
7 [Q] Der Glaube des Hauptmanns von Kafarnaum/Kapernaum (1)
[S] Auferweckung des Jünglings von Nain (11)
[Q] Täuferanfrage und Jesu Antwort (18)
[Q] Jesu Zeugnis über den Täufer (24)
[S] Salbung durch die Sünderin im Haus des Pharisäers Simon (36)
8 [S] In Jesu Gefolge: die Zwölf und viele Frauen (1)
Gleichnis vom Sämann bzw. viererlei Ackerboden (4) und Erklärung (9)
Eine Botschaft für die Öffentlichkeit, deshalb gut zuhören! (16)
Jesu wahre Familie (19)
Sturmstillung (22)
Der Besessene von Gerasa; Austreibung der Geister in die Schweine (26)
Heilung der blutflüssigen Frau und Auferweckung der Jairus-Tochter (40)
9 Bevollmächtigung und Aussendung der Zwölf (1)
Herodes Antipas möchte Jesus kennenlernen (7)
Speisung der Fünftausend (10)
Petrusbekenntnis und erste Leidensankündigung (18)
Kreuznachfolge (23)
Verklärung Jesu (28) und Heilung eines besessenen Jungen (37)
Zweite Leidensankündigung (43b)
Rangstreit der Jünger (46)
Der fremde Exorzist – »Wer nicht gegen euch ist ...« (49)

D. Jesus auf dem Weg nach Jerusalem (»Reisebericht«; 9,51–19,27)

9 [S] Aufbruch nach Jerusalem; Abweisung der Boten durch Samarit[an]er (51)
[Q] Rückhaltlose Nachfolge: drei Fälle (57)
10 [S] Aussendung der Siebzig/Zweiundsiebzig in die große Ernte (1)
[Q] Weherufe über Städte Galiläas (13)
[S] Rückkehr der Siebzig/Zweiundsiebzig. Fall des Satans vom Himmel. Worüber sie sich freuen sollen (17)
[Q] Lobpreis des Vaters; Seligpreisung der Jünger (21)
[S] Frage nach dem höchsten Gebot – »und wer ist mein Nächster?« (25); Antwort durch Beispielgeschichte vom barmherzigen Samarit[an]er (30)

[S] Maria und Marta (38)
11 [Q] Jesus lehrt beten: Vaterunser (1), Beispiel vom unverschämt bittenden Freund (5); »Bittet, so wird euch gegeben«; Vater und Kind (9)
Jesus im Bund mit dem Teufel? (14)
[Q] Warnung vor der Rückkehr des ausgetriebenen Geistes (24)
[S] »Selig, die das Wort Gottes hören ...« (27)
[Q] Zeichenforderung und Zeichen des Jona (29)
[Q] Bildworte von Licht und Auge (33)
[Q] Frage des Händewaschens (37); Weherufe über Pharisäer und Schriftgelehrte (42)
12 [Q] Warnung vor Heuchlei (1); Aufforderung zu furchtlosem Bekenntnis (4)
[S] Warnung vor Habgier; Beispielgeschichte vom reichen Toren (13)
[Q] Nicht um den Lebensunterhalt sorgen, sondern um Gottes Reich (22)
[Q] Der Schatz im Himmel (33)
[Q] Bereit sein, auch wenn der Herr sich verspätet (35)
[Q] Gleichnis vom treuen und vom liederlichen Verwalter (41)
[Q] Nicht Frieden, sondern Entzweiung/Schwert (49)
[Q] Die Zeichen der Zeit; rechtzeitige Bereinigung (54)
13 [S] Todesfälle als Mahnung zur Umkehr (1); Gleichnis vom unfruchtbaren Feigenbaum (6)
[S] Heilung der verkrümmten Frau am Sabbat (10)
[Q] Gleichnisse vom Senfkorn und Sauerteig (18)
[Q] Enge Tür und verschlossene Tür; Warnung an die Abrahamskinder (22)
[S] Kein Prophet stirbt außerhalb Jerusalems (31)
[Q] Wehklage über Jerusalem (34)
14 *Tischgespräche mit Pharisäern am Sabbat (1-24):*
[S] Heilung eines Wassersüchtigen (2)
[S] Gleichnis von den Ehrenplätzen (7)
[S] Nicht seinesgleichen, sondern die Bedürftigen zu Tisch laden (12)
[Q] Gleichnis vom großen Festmahl (15)
[Q] Bedingungen der Nachfolge (25)
[S] Gleichnisse vom Überschlag der Kosten: Turmbau und Kriegführung (28)
[Q] Warnendes Gleichnis vom Salz (34)
15 [S] Kritik der Pharisäer an Jesu Tischgemeinschaft mit den Sündern, Jesus antwortet mit drei Gleichnissen (1):
[Q] Vom verlorenen Schaf (4), [S] vom verlorenen Groschen (8), vom verlorenen Sohn und seinem älteren Bruder (11)
16 *Über den Umgang mit Geld (1-15):*
[S] Gleichnis vom ungerechten Haushalter (1)
[S] Von der Treue im Kleinen (10)
[Q] Nicht zwei Herren dienen (13); [S] Geldgier der Pharisäer (14)

[Q] Das Mosegesetz und die neue Zeit (16); radikale Gültigkeit des Gesetzes, z.B. im Fall der Wiederheirat Geschiedener (17)
[S] Ebenso im Fall der Mildtätigkeit: Beispielgeschichte vom reichen Mann und vom armen Lazarus (19)
17 [Q] Warnung vor Ärgernisgeben, Aufruf zum Verzeihen (1); senfkorngroßer Glaube (5)
[S] Gleichnis vom Knechtslohn: »Wir sind unnütze Knechte« (7)
[S] Die zehn Aussätzigen und der dankbare Samarit[an]er (11)
[S] Frage nach dem Anbruch des Gottesreichs: Es ist schon »mitten unter euch« (20)
[Q] Vom Tag des Menschensohns (22)
18 [S] Gleichnis vom Richter und der Witwe (1)
[S] Beispielgeschichte vom Pharisäer und Zöllner (9)
Kindersegnung: Kinder als Vorbild des Empfangens (15)
Jesus und der Reiche (18); Gefahr des Reichtums und Lohn der Nachfolge (24)
Dritte Leidensankündigung (31)
Blindenheilung bei Jericho (35)
19 [S] Jesus und der Zöllner Zachäus (1)
[Q] Im Blick auf Jesu Abschied und Wiederkunft: Gleichnis von den anvertrauten Pfunden (11)

E. Jesus in Jerusalem (19,28–24,53)

19 Einzug in Jerusalem (28)
[S] Jesus weint über Jerusalem (41)
Tempelreinigung und Lehre Jesu im Tempel (45)
20 Vollmachtsfrage: Woher hat Jesus seine Vollmacht? (1)
Gleichnis von den Weingärtnern (9)
Pharisäerfrage nach der Kaisersteuer [Zinsgroschen] (20)
Sadduzäerfrage nach der Auferstehung (27)
Der Messias: Davids Sohn oder Davids Herr? (41)
Warnung vor den Schriftgelehrten (45)
21 Das Opfer [Scherflein] der Witwe (1)
Endzeitrede: Untergang Jerusalems und Ende der Welt (21,5-36):
Ankündigung der Tempelzerstörung (5), aber sie bringt noch nicht das Ende (7)
Vorzeichen des Weltendes (10); Verfolgung und Bewahrung der Jünger (12)
[S] Belagerung und Zerstörung Jerusalems (20)
Kommen des Menschensohns auf den Wolken (25)
Gleichnis vom Feigenbaum (29)
Ermahnung zu Wachsamkeit und Gebet (34)
[S] Jesus lehrt im Tempel (37)

Passion und Kreuzestod (22–23):

22 Tötungsplan der Hohenpriester und Schriftgelehrten (1)
Verrat des Judas (3)
Vorbereitung des Passamahls (7)
Das letzte Mahl: Einsetzung des Herrnmahls; Hinweis auf den Verräter (14)
Rangstreit und Umkehrung der weltlichen Rangordnung (24);
[Q] Verheißung der Mitherrschaft mit Christus (28)
Ankündigung der Verleugnung des Petrus; »Ich habe für dich gebetet« (31)
[S] Jesus verweist auf den Ernst der Stunde; die zwei Schwerter (35)
Gebetskampf in Getsemani/Getsemane (39)
Gefangennahme (47)
Verleugnung Jesu durch Petrus (54)
Verspottung Jesu (63)
Jesus vor dem Hohen Rat (66)

23 Jesus vor Pilatus (1)
[S] Jesus vor Herodes Antipas (6)
[S] Pilatus stellt Jesu Unschuld fest (13)
Forderung nach Freilassung des Barabbas; Pilatus gibt nach (18)
Kreuztragung durch Simon von Zyrene; [S] Beweinung Jesu durch Jerusalemer Frauen (26)
Kreuzigung (33); [S] die beiden Schächer (39)
Jesu Tod (44); die Zeugen (49); Grablegung (50)

24 Die Frauen am leeren Grab (1)
Bericht vor den Jüngern; Petrus am Grab (9)
[S] Die Emmausjünger: Jesus erscheint zwei Jüngern auf dem Weg und erklärt ihnen die Voraussagen in der Schrift (13)
[S] Rückkehr der beiden nach Jerusalem; »Der Herr ist Simon erschienen« (33)
Erscheinung vor allen Jüngern (36)
[S] Jesus erklärt ihnen die Schrift und verheißt den Geist (44)
[S] Himmelfahrt; die Jünger im Tempel (50)

Wichtiges in Kürze

Entstehung: um 80 n.Chr.
Theologisches Profil:

- Lukas versteht sich als Historiker (1,1-4; 3,1f; vgl. Apg 1,1); Lukasevangelium und Apostelgeschichte bilden zusammen das »Lukanische Doppelwerk«
- Mit seiner Vorgeschichte unterstreicht Lukas die Kontinuität zwischen Jesus und Israel (s. zu Apg)
- Schon die »Antrittspredigt« in Nazaret (4,16ff) nimmt jedoch die

Ablehnung Jesu durch sein Volk vorweg und bereitet den Weg des Evangeliums zu den Völkern vor (14,15ff)

- Lukas wird gern der »Evangelist der Armen« genannt (vgl. 6,20ff [Seligpreisungen und Weherufe]; 4,18; 16,19ff). Jesus nimmt sich der »Marginalisierten« der damaligen Volksgemeinschaft an: Zöllner (15,1; 18,9ff; 19,1ff), Prostituierte (7,36ff), leidgeprüfte Frauen (7,11ff; 13,10ff); er kann einen Samarit[an]er als Vorbild hinstellten (10,30; vgl. 17,11ff)
- In diesem Sinn hebt Lukas auch Frauen als Jüngerinnen Jesu hervor (8,1-3; vgl. 10,38ff)

Merkstoff (s. auch Matthäus):

- Verkündigung an Maria (1); Geburt Jesu (2); zwölfjähriger Jesus (2)
- Hymnen: Magnificat (1), Benedictus (1), Nunc dimittis (2)
- Antrittspredigt in Nazaret (4)
- Fischzug des Petrus (5)
- Salbung durch die Sünderin (7); Frauen in der Nachfolge Jesu (8); Maria und Marta (10)
- Aussendung der Siebzig/Zweiundsiebzig (10)
- Zachäus (19)
- Schächer am Kreuz (23); Emmausjünger (24)
- Gleichnisse und Beispielgeschichten: Barmherziger Samariter (10), reicher Tor (12), verlorener Sohn (15), ungerechter Haushalter (16), armer Lazarus (16), Richter und Witwe (18), Pharisäer und Zöllner (18)

DAS EVANGELIUM NACH JOHANNES (Joh)

A. Der menschgewordene Logos, Täufer und erste Jünger		1
1	Der Prolog	
B. Jesu öffentliches Wirken		2–12
2	Die Hochzeit in Kana (1. Zeichen)	
	Nikodemus	
4	Samarit(an)erin am Brunnen	
	Heilung des Sohnes des königlichen Beamten (2. Zeichen)	
5	Heilung am Teich Betesda	
6	Jesus das Brot des Lebens (Brotrede)	
8	Jesus das Licht der Welt	
9	Heilung des Blindgeborenen	
10	Der gute Hirt (Hirtenrede)	
11	Auferweckung des Lazarus:	
	Jesus die Auferstehung und das Leben	
C. Jesu Abschiedsreden an die Jünger		13–17
13	Fußwaschung	
14	Jesus der Weg, die Wahrheit und das Leben	
14; 16	Der Geist als Paraklet	
15	Weinstock und Reben: Jesus der wahre Weinstock	
17	Das hohepriesterliche Gebet	
D. Leiden, Tod und Auferstehung Jesu		18–20
18–19	Jesus vor Pilatus	
20	Maria von Magdala am Grab	
	Der ungläubige Thomas	
E. Nachtrag: Petrus und der Lieblingsjünger		21

A. Der menschgewordene Logos, Täufer und erste Jünger (Kap 1)

1 Prolog: Der Logos wurde Mensch/das Wort Fleisch (1-18); Johannes der Täufer als sein Zeuge (6-9.15)
Die Zeugenaussage des Täufers vor Priestern und Leviten (19)
Die Zeugenaussage des Täufers vom Gotteslamm und vom Herabkommen des Geistes (29)
Die ersten Jünger: Andreas und Petrus (35), Philippus und Natanael (43)

B. Jesu öffentliches Wirken (2–12)

2 Die Hochzeit in Kana, das 1. Zeichen (1)
Tempelreinigung (13), Zeichenforderung und Tempelwort (18)
Erstes Passafest in Jerusalem: Jesu Wunder und seine Zurückhaltung (23)
3 Jesus und Nikodemus: Von der Neugeburt aus dem Geist (1)
Von der Erhöhung des Menschensohns (13); Rettung und Gericht durch Gottes eingeborenen Sohn (16)
4 Jesus und die Samaritanerin am Jakobsbrunnen. Anbetung Gottes in Geist und Wahrheit (1). Jesu Speise und die anstehende Ernte (31)
Samaritaner glauben an Jesus (39)
Fernheilung am Sohn eines königlichen Beamten in Galiläa; 2. Zeichen (43)
5 Heilung eines Gelähmten am Teich Betesda (1); Tötungsabsicht wegen der Sabbatheilung (9b)
Die Vollmacht des Sohnes, Tote zu erwecken (19)
Die Taten in der Vollmacht vom Vater und die Schrift als Zeugen für Jesus, die nicht angenommen werden (31)
6 Speisung der Fünftausend (1) kurz vor dem zweiten Passafest (4);
Jesus entzieht sich dem Volk, das ihn zum König machen will (14)
Jesus wandelt auf dem See; Angst der Jünger: »Ich bin's« (16)
Zeichenforderung des Volkes (22); die Antwort: »Ich bin das Brot des Lebens« (32); das Essen von Fleisch und Blut des Menschensohnes (52)
Abwendung vieler Jünger (60). Frage an die Zwölf; Petrusbekenntnis: »Du hast Worte des ewigen Lebens« (67)
Ankündigung des Verrats (70)
7 Unglaube der Brüder Jesu (1)
Jesus kommt heimlich zum Laubhüttenfest nach Jerusalem (10)
Auftreten im Tempel; woher hat Jesus seine Lehre? (14) Vorwurf der Besessenheit (20); Jesus rechtfertigt sich für die Sabbatheilung (21)
Woher kommt Jesus? Zwiespalt im Volk (25; 40). »Ihr werdet mich suchen und nicht finden« (32)
Letzter Festtag: »Wer durstig ist, komme zu mir« (37)
Nikodemus fordert gegenüber den Ratsmitgliedern einen gerechten Prozeß für Jesus (45)
8 Jesus und die Ehebrecherin: »Wer ohne Schuld ist…« (7,53; 8,1)
»Ich bin das Licht der Welt« (12); Streit mit den Pharisäern; Jesus: Zwei Zeugen, ich selbst und der Vater (13); Ort: Schatzkammer/ Opferkasten des Tempels (20)
Jesus: Ihr werdet mich vergeblich suchen, wenn es zu spät ist (21); »Wenn ihr den Menschensohn erhöhen werdet, werdet ihr erkennen, daß ICH es bin« (27)
»Die Wahrheit wird euch frei machen« – Kinder Abrahams und Kinder des Teufels (31). »Noch ehe Abraham wurde, bin ich« (48)

9 Heilung eines Blindgeborenen am Sabbat (1). Verhör des Geheilten und seiner Eltern durch die Pharisäer (13); sein Ausschluß aus der Synagogengemeinschaft (34); Blindheit der Pharisäer (35)

10 »Ich bin der gute Hirt« (2; 27); gespaltenes Echo auf die Rede (19). Ort und Zeit: im Tempel am Tempelweihfest (22).
Jesu Einheit mit dem Vater: eine Gotteslästerung? (24)
Jesus zieht sich über den Jordan zurück (39)

11 Lazarus, Marta und Maria in Betanien (1). Lazarus' Krankheit, Jesu später Aufbruch (2): Lazarus schon vier Tage im Grab (17)
Jesus zu Marta: »Ich bin die Auferstehung und das Leben« (25); Auferweckung des Lazarus (33)
Tötungsbeschluß des Hohen Rates; das prophetische Wort des Hohenpriesters: Einer soll für das ganze Volk sterben (45)

12 Vor dem dritten Passafest: Jesus Salbung in Betanien durch Maria (1)
Auch Lazarus soll getötet werden (9)
Jesu Einzug in Jerusalem (12)
Griechen wollen Jesus kennenlernen (20). Jesus: »Das Weizenkorn muß in die Erde fallen und sterben« (24)
Jesu Stunde (27): »Ich werde von der Erde erhöht werden« (30)
Ablehnung Jesu und Angst vor Synagogenausschluß (37)
Schlußwort Jesu in der Öffentlichkeit: »Die Worte, die ich im Auftrag des Vaters spreche, bringen ewiges Leben; wer mich ablehnt, lehnt den Vater ab« (44)

C. Jesu Abschiedsreden an die Jünger (13–17)

13 Die Fußwaschung (1) und ihre Deutung (12)
Ankündigung des Verrats, Bezeichnung des Verräters Judas (21)
Verherrlichung des Menschensohnes (31) und neues Gebot (34; 15,12)
Voraussage der Verleugnung durch Petrus (36)

14 Jesus der Weg zum Vater: »Ich bin der Weg, die Wahrheit und das Leben« (1)
Das Kommen des Heiligen Geistes: der Geist als Paraklet = Tröster, Beistand (15)
»Meinen Frieden gebe ich euch« (27)

15 Vom Weinstock und den Reben und vom Fruchtbringen: »Ich bin der wahre Weinstock« (1)
Gebet im Namen Jesu (7.16); einander lieben nach Jesu Vorbild – »Ich nenne euch Freunde« (9)
Der Haß der Welt (18). Wiederholte Ankündigung des Parakleten (26). Synagogenausschluß und Zeugentod (16,1)

16 Jesus macht dem Parakleten Platz (5). Dessen Aufgabe an der Welt (8) – und an den Jüngern: »Der Geist der Wahrheit wird euch in alle Wahrheit führen« (12)
Wiedersehen in Kürze, aus Trauer wird Freude werden (16)

Abschluß der Abschiedsreden: »Ihr werdet mich allein lassen«; aber: »Ich habe die Welt überwunden« (25)

17 Das hohepriesterliche Gebet Jesu (1)

D. Leiden, Tod und Auferstehung Jesu (18–20)

18 Jesu Gefangennahme (1); Petrus schlägt mit dem Schwert drein (10)
Verhör Jesu vor Hannas (12; 19); seine Verleugnung durch Petrus (15; 25)
Jesus vor Pilatus (28): König der Juden? »Mein Reich [Königtum] ist nicht von dieser Welt« (36)
Barabbas, nicht Jesus! (38b)

19 Geißelung und Verspottung Jesu: »Seht den Menschen – Ecce homo« (1)
Pilatus gibt nach und erfüllt den Willen der Juden [= Hohenpriester] (6); der Zeitpunkt: Rüsttag auf das Passafest (14)
Jesu Kreuztragung und Kreuzigung (17); die Mutter und der Lieblingsjünger unter dem Kreuz (25)
Die Erfüllung der Schrift: »Mich dürstet« – »Es ist vollbracht« (28)
Die durchstochene Seite (31)
Kreuzabnahme und Grablegung durch Josef von Arimathäa und Nikodemus (38)

20 Maria aus Magdala entdeckt das leere Grab (1); der Wettlauf der beiden Jünger zum Grab (3)
Jesus erscheint der Maria am Grab: »Rühre mich nicht an – Noli me tangere« (11); Marias Botschaft an die Jünger (18)
Jesus erscheint den Jüngern und haucht ihnen den Geist ein (19)
Jesus und der ungläubige Thomas (24)
Schlußwort des Evangelisten (30)

E. Nachtrag: Petrus und der Lieblingsjünger (Kap 21)

21 Jesus erscheint sieben Jüngern am See von Tiberias; der Fischzug (1)
Jesus an Petrus: »Liebst du mich mehr als diese?« (15)
Petrus und der Lieblingsjünger (20)
Der Lieblingsjünger als Verfasser bzw. Zeuge für die Wahrheit des Johannesevangeliums (24)

Wichtiges in Kürze

Entstehung: um 90 n.Chr. in Kleinasien oder Syrien
Theologisches Profil:

- Jesus erscheint bei Johannes als der »Sohn«, der in engster Gemeinschaft mit dem »Vater« steht (1,18; 5,17; 17,21) und den Seinen diese Gemeinschaft eröffnet (14,6f)
- In Jesus ist die Heilsfülle in Person erschienen (»Ich-bin-Worte«). Die

Wunder Jesu werden als »Zeichen« durchsichtig für das in ihm beschlossene Heil (2,11; 9,39; 11,23-25)

- Der Weg Jesu im Johannesevangelium kann unter den Stichworten »Erhöhung« (3,14; 8,28; 12,32.34) und »Verherrlichung« (8,54; 12,23; 17,1) zusammengefaßt werden. Er wird vollendet im Kreuz (»Es ist vollbracht«; 19,30): die Kreuzigung als Erhöhung in die himmlische Herrlichkeit (12,32)
- In den »Abschiedsreden« (13–17) verheißt Jesus den Geist als »Paraklet« (Tröster, Beistand), der ihn nach seinem Weggang vertritt (14,15f.26; 16,7-15)
- Einmalig für die Evangelien: die besondere Hervorhebung eines »Jüngers, den Jesus liebte« (s. Merkstoff). Er wird auch als Zeuge für die Wahrheit des Johannesevangeliums angeführt (21,24)

Merkstoff:

- Prolog: »Das Wort wurde Fleisch« (1)
- Nikodemusgespräch (3)
- Ich-bin-Worte: Brot (6,35), Licht (8,12), Tür (10,7), guter Hirt (10,11), Leben (11,25f), Weg (14,6), Weinstock (15,1.5)
- Abschiedsreden (13–17): Fußwaschung (13), Paraklet (14; 16); Hohepriesterliches Gebet (17)
- Jesus und Pilatus (18–19)
- Erscheinung vor Maria aus Magdala (20); ungläubiger Thomas (20)
- Petrus und Johannes (21)
- »Der Jünger, den Jesus liebte« (13,23; 19,26; 20,2; 21,7.20)

A.	Himmelfahrt Jesu und Kommen des Geistes	1–2
2	Pfingstwunder und Pfingstpredigt des Petrus Die Urgemeinde in Jerusalem	
B.	Die Verkündigung der Apostel in Jerusalem	3–7
3–5	Die Apostel vor dem Hohen Rat	
6–7	Die griechischsprechenden Juden und Stephanus	
C.	Die Verkündigung der Apostel in Judäa und Samarien	8–11
8	Der Magier Simon Philippus und der Kämmerer aus Äthiopien	
9	Bekehrung des Saulus/Paulus	
10	Petrus bei Kornelius	
D.	Die Verkündigung der Apostel bis an die »Enden der Erde«	11–28
13	Die Gemeinde in Antiochia	
13–14	Erste Missionsreise des Paulus: Zypern, Südgalatien	
15	Apostelkonzil in Jerusalem	
15–18	Zweite Missionsreise des Paulus: Zilizien, Galatien, Mazedonien, Achaia	
18–21	Dritte Missionsreise des Paulus: Zilizien, Galatien, Ephesus, Mazedonien, Achaia und zurück; Reise nach Jerusalem	
21–23	Gefangennahme des Paulus in Jerusalem	
24–26	Gefangenschaft des Paulus in Cäsarea	
27–28	Reise nach Rom und Bezeugung des Evangeliums im Zentrum des Römischen Reiches	

A. Himmelfahrt Jesu und Kommen des Geistes (1–2)

1 Vorwort an Theophilus (1)
Geistverheißung und Weisung des Auferstandenen an die Apostel (4); Gliederung der Apostelgeschichte (8); Himmelfahrt (9)
Die Jesusjünger und -jüngerinnen warten auf den Geist (12)
Der Kreis der zwölf Apostel wird durch die Nachwahl von Matthias wieder vollständig (15)

2 Das Pfingstwunder (1)
Die Pfingstpredigt des Petrus (14) und ihre Wirkung (37)
Kennzeichen der ersten Christengemeinde: Apostellehre, Liebesgemeinschaft, Brotbrechen, Gebet (42); Gütergemeinschaft (44)
Wachstum der Gemeinde (47)

B. Die Verkündigung der Apostel in Jerusalem (3–7)

3 Petrus heilt einen Gelähmten im Tempel (1)
Petrusrede im Tempel: Heilung als Wirkung des Glaubens an den Namen Jesu; Aufruf zur Umkehr (11)
4 Petrus und Johannes festgenommen (1) und vor den Hohen Rat gestellt (5); Verbot der Jesusverkündigung (15)
Das Gebet der Gemeinde (23)
Die Gütergemeinschaft der Jerusalemer Urgemeinde (32); Josef gen. Barnabas verkauft einen Acker (36)
5 Hananias und Saphira belügen den Heiligen Geist: vom Erlös ihres Ackers behalten sie etwas zurück. Ihr Ende (1)
Wunder der Apostel, Ansehen der Gemeinde (12)
Neid der Sadduzäer; Verhaftung der Apostel und deren Befreiung durch den Engel des Herrn (17)
Die Apostel vor dem Hohen Rat zur Rede gestellt: »Man muß Gott mehr gehorchen als den Menschen« (25)
Der Schriftgelehrte Gamaliel mahnt zur Vorsicht [Gamaliels Rat] (35)
6 Die Wahl der sieben Armenpfleger/Diakone [Siebenerkreis, »Hellenisten«] (1)
Stephanus, einer der Sieben, vollbringt Wunder, widerlegt jüdische Gegner, wird verleumdet und vor dem Hohen Rat angeklagt (8)
7 Stephanusrede – die Verteidigung gerät zum Angriff: Gottes Bund mit Abraham (1); Israels Ungehorsam seit Ägypten (17); der Irrtum des Tempelbaus (44); direkte Anklage: Verfolgung der Propheten, Tötung des »Gerechten«, Nichtbefolgung des Gesetzes (51)
Stephanus sieht Jesus zur Rechten Gottes und wird gesteinigt (54); Saulus = Paulus [vgl. 13,9] bewacht die Oberkleider der Zeugen (58)

C. Die Verkündigung der Apostel in Judäa und Samarien (8,1–11,18)

8 Verfolgung und Vertreibung der Gemeinde in Jerusalem (1); Saulus als Verfolger (3)
Philippus predigt und vollbringt Wunder in Samaria (4); auch der Magier Simon [Simon Magus] bekehrt sich (9)
Die Apostel schicken Petrus und Johannes, damit sie den Getauften die Hände auflegen und diese den Heiligen Geist bekommen (14)
Simon Magus bietet Geld, damit er die Fähigkeit bekommt, durch Handauflegung den Geist zu vermitteln; seine Abweisung (18)
Philippus unterweist und tauft den Finanzverwalter/Kämmerer der Königin von Äthiopien (26)
9 Saulus will gegen die Christen in Damaskus vorgehen (1); auf dem Weg Lichterscheinung und Stimme Jesu: »Warum verfolgst du mich?« Erblindung (3)
Der Christ Hananias heilt Paulus und tauft ihn (10)

Paulus verkündet Christus und muß aus Damaskus fliehen (20); von Barnabas bei den Aposteln in Jerusalem eingeführt, muß er auch dort fliehen (26)
Petrus besucht die Gemeinden (31); Heilung des gelähmten Äneas in Lydda (33), Auferweckung der Tabita/Dorkas in Joppe (36)
10 *Das Evangelium kommt durch göttliche Lenkung zu den Nichtjuden:* Der Hauptmann/Centurio Kornelius in Cäsarea hat eine Engelsvision und ruft Petrus aus Joppe (1); Petrus wird durch eine Vision darauf vorbereitet, sich über die Schranke der Reinheitsgesetze hinwegzusetzen (9)
Petrus bei Kornelius (24); während seiner Predigt (34) fällt der Heilige Geist auf die zuhörenden Heiden, und sie reden in Zungen (44). Petrus: »Wer kann ihnen da die Taufe verweigern?« (47)
11 Petrus verteidigt sein Handeln vor der Gemeinde in Jerusalem (1)

D. Die Verkündigung der Apostel bis an die »Enden der Erde« (11,19–28,31)

11 Die aus Jerusalem Vertriebenen gründen u.a. die Gemeinde in Antiochia (19)
Die Apostel schicken aus Jerusalem Barnabas, der Saulus aus Tarsus holt (21)
Ursprung der Bezeichnung »Christen« (26)
Agabus prophezeit eine Hungersnot (27); die Gemeinde in Antiochia schickt den Christen in Judäa eine Spende (29)
12 Herodes Agrippa I. läßt den Apostel Jakobus enthaupten (1) und Petrus gefangensetzen (3)
Die Gemeinde betet (5); der Engel des Herrn führt Petrus aus dem Gefängnis (6)
Der Engel des Herrn schlägt Herodes Agrippa I., weil er sich als Gott feiern läßt (20)
Erste Missionsreise des Paulus (13–14):
13 Aussendung von Barnabas und Saulus (1)
Auf der Insel Zypern: Saulus schlägt den Magier Barjesus/Elymas mit Blindheit; Bekehrung des Prokonsuls Sergius Paulus (4)
[ab 13,9 wird für Saulus der griechische Name Paulus gebraucht]
Predigt des Paulus in der Synagoge des pisidischen Antiochia (14)
Am nächsten Sabbat Andrang der Nichtjuden, Widerspruch der Juden; Paulus: »Jetzt wenden wir uns an die Heiden« (44)
Ausweisung aus der Stadt (50)
14 In Ikonion: Erfolgreiche Predigt in der Synagoge, Anschlag auf die Apostel und deren Flucht (1)
In Lystra: Heilung eines von Geburt an Gelähmten; das Volk will den Aposteln als Zeus und Hermes Opfer darbringen (8); Verkündigung des lebendigen Gottes (14)

In Derbe: Gemeindegründung (21)
Rückreise: Einsetzung von Gemeindeältesten (21); Rückkehr zum Ausgangsort (26)

15 Judenchristen aus Judäa fordern in Antiochia die Beschneidung der Heidenchristen; Paulus und Barnabas reisen zur Klärung nach Jerusalem (1)
Sog. Apostelkonzil [Versammlung der Apostel und Gemeindeältesten mit der ganzen Gemeinde] (6)
Petrus: Gott hat längst entschieden [s. Kap 10] (7)
Jakobus: Die Heiden müssen nur ein Minimum an Reinheitsvorschriften beachten (13)
Das »Apostеldekret« (22); seine Überbringung nach Antiochia (30)
Zweite Missionsreise des Paulus (15,36–18,22):
Paulus trennt sich von Barnabas und wählt Silas als Begleiter (36)
Weg durch Syrien und Zilizien (41)

16 Über Derbe nach Lystra. Gewinnung von Timotheus als Mitarbeiter, seine Beschneidung (1)
Der Geist führt die Missionare geradewegs nach Troas (6); Paulus sieht im Traum einen Mazedonier: »Komm herüber und hilf uns« (9)
Paulus in Philippi: Bekehrung der Lydia (11)
Paulus treibt aus einer Sklavin den Wahrsagegeist aus (16) und muß mit Silas ins Gefängnis (19)
Nächtlicher Lobgesang des Paulus und Silas und ihre Befreiung durch ein Erdbeben (25)
Bekehrung des Gefängniswärters (27)
Paulus verlangt von den Stadtobersten [Duumviri] ehrenhafte Entlassung (35)

17 In Thessalonich: Predigt in der Synagoge, Neid der Juden, Aufhetzung des Volkes; der Gastgeber Jason wird belangt (1)
In Beröa: Aufgeschlossene Juden; aber Juden aus Thessalonich hetzen auch hier das Volk auf (10)
Paulus in Athen (16): Rede auf dem Areopag (22); geringes Echo (32)

18 Paulus eineinhalb Jahre (11) in Korinth:
Aufnahme bei Aquila und Priszilla (1); Auszug der Christen aus der Synagoge (6)
Christus zu Paulus: »Ich habe ein großes Volk in dieser Stadt« (9)
Anklage des Paulus durch Juden vor dem römischen Prokonsul Gallio, der sich für unzuständig erklärt (12)
Dritte Missionsreise und Reise nach Jerusalem (18,23–21,16):
Von Korinth über Cäsarea und Jerusalem zurück nach Antiochia (18), darauf Reise durch Galatien und Phrygien (23)
Apollos in Ephesus und Korinth (24)

19 Paulus in Ephesus: Begegnung mit Johannesjüngern (1); zweijähriges Wirken im Lehrsaal des Tyrannus (8)
Wunderwirken des Paulus (11); Mißbrauch des Namens Jesus durch

sieben Exorzisten, Söhne des Hohenpriesters Skevas (13); Verbrennung der Zauberbücher (18)
Aufruhr des Demetrius – die Silberschmiede bangen um ihr Geschäft: »Groß ist die Artemis/Diana von Ephesus« (23)

20 Reise durch Mazedonien und Griechenland, Rückkehr nach Troas (1)
Sonntägliche Mahlfeier in Troas; Auferweckung des Eutychus (7)
Reise nach Milet (13)
Abschiedsrede des Paulus an die Gemeindeältesten von Ephesus in Milet (17)

21 Von Milet nach Tyrus (1); Paulus wird gewarnt (4)
Von Tyrus nach Cäsarea (7); Warnung durch den Propheten Agabus (10)
Ankunft in Jerusalem (15); Jakobus und die Gemeindeältesten raten Paulus, seine Gesetzestreue durch Übernahme der Opferkosten für arme Nasiräer zu beweisen (18)
Gefangennahme des Paulus in Jerusalem (21,17–23,35):
Paulus im Tempel verhaftet (27); Eingreifen des römischen Stadtkommandanten/Militärtribunen (31)

22 Verteidigungsrede des Paulus (1): Seine Vergangenheit als Christenverfolger (3), Bekehrung durch Jesu Eingreifen (6), Christusvision im Tempel und Sendung zu den Heiden (17)
Tumultreaktion der Menge (22)
Paulus verhindert seine Auspeitschung durch Berufung auf sein römisches Bürgerrecht (24)
Der Tribun stellt Paulus vor den Hohen Rat (30)

23 Zusammenstoß mit dem Hohenpriester (1); Paulus spielt Pharisäer und Sadduzäer gegeneinander aus (6)
Nächtliche Zusage: »Du wirst auch in Rom mein Zeuge sein« (11)
Ein Anschlag auf Paulus wird verhindert (12)
Die Römer überstellen Paulus nach Cäsarea (23)
Gefangenschaft des Paulus in Cäsarea (24–26):

24 Anklage vor dem Prokurator Felix (1) und Paulus' Verteidigung (10); Vertagung (22) und zweijährige Verschleppung des Prozesses (24)

25 Wiederaufnahme des Prozesses unter dem Prokurator Festus (1)
Um nicht den Juden ausgeliefert zu werden, legt Paulus Berufung an das kaiserliche Gericht in Rom ein (9)
Festus führt Paulus dem König Herodes Agrippa II. und seiner Schwester Berenike vor (13)

26 Rede des Paulus vor Agrippa (1); die Reaktion (24). Agrippa: »Man hätte ihn freilassen können ...« (32)
Reise nach Rom und Bezeugung des Evangeliums im Zentrum des Römischen Reiches (27–28):

27 Paulus als Gefangener auf der Fahrt nach Rom (1)
Paulus' Warnung wird überhört (9); seine vorbildliche Haltung während des Seesturms (21)
Schiffbruch und Rettung vor Malta (39)

28 Paulus überlebt einen Schlangenbiß (1) und heilt den an der Ruhr erkrankten Vater des Insel-Ersten Publius (7)
Reise von Malta nach Rom (11) und Einholung durch die römischen Christen (15)
Paulus, in leichter Haft (16), sucht das Gespräch mit den Juden der Stadt (17); doch die von Jesaja angekündigte Verstockung ist eingetreten (25b)
Jetzt kommt das angebotene Heil zu den Heiden (28)
Zwei Jahre lang verkündet Paulus allen, die zu ihm kommen, das Reich Gottes und Jesus Christus (30)

Wichtiges in Kürze

Entstehung: um 90 n.Chr.; Fortsetzung des Lukasevangeliums; s. S. 139
Theologisches Profil:
- Geschichte der christlichen Mission als dritte heilsgeschichtliche Periode nach der Verheißungsgeschichte des Alten Testaments und der Jesuszeit (1,8)
- Der Heilige Geist als »Gründer« der Kirche (Kap 2)
- Grundlegende Bedeutung der Urgemeinde (2,42ff); Apostel als Leitungsgremium der Gesamtkirche (»Visitation in Samaria« 8,14ff)
- Kontinuität zwischen Juden- und Heidenchristentum (göttliche Lenkung Kap 10; Apostelkonzil Kap 15)
- Gebrochene Kontinuität zwischen Israel und Kirche: Juden als Erstadressaten der Verkündigung (Predigt in den Synagogen 13,14ff; 14,1 usw.) und zwangsläufige Trennung (13,46f; 18,4-6; 28,25-28)
- Tendenz, das Christentum gegenüber den Vertretern Roms als politisch neutral und staatsloyal zu erweisen (vor Gallio 18,12ff; im Prozeß des Paulus 21–26), entsprechend dem Freispruch Jesu durch Pilatus in der lukanischen Passionsgeschichte (Lk 23,13-16).

Merkstoff:
- Pfingsten (2)
- Gütergemeinschaft der Urgemeinde (2,44f; 4,32.34-36)
- Der Rat Gamaliels (5,34ff)
- Stephanus (6–7)
- Der Kämmerer aus Äthiopien (8)
- Bekehrung des Paulus (9)
- Der Hauptmann Kornelius (10)
- Die Missionsreisen des Paulus (13–14; 15–18; 18–21)
- Apostelkonzil und Aposteldekret (15)
- Areopagrede (17)
- Abschiedsrede des Paulus in Milet (20)

DIE BRIEFE DES APOSTELS PAULUS

Im Kanon des Neuen Testaments sind die Paulusbriefe nicht nach der Entstehungszeit, sondern nach dem Umfang geordnet. Früher wurde auch der anonyme Hebräerbrief zu ihnen gerechnet; doch sprechen sowohl Stil wie Theologie gegen eine paulinische Verfasserschaft.

Auch zwischen den übrigen Briefen, die von Römer bis Philemon sämtlich den Apostel Paulus als Absender nennen, gibt es zum Teil einschneidende Unterschiede. Die neuere Forschung rechnet deshalb mit Briefen von Apostelschülern, die im Auftrag oder in der Nachfolge des Apostels ihre Schreiben unter seinem Namen abfaßten.

Dem Apostel recht nahe stehen die sog. Deuteropaulinischen Schriften Kolosser und Epheser. Der Kolosserbrief wird vom Epheserbrief benutzt und zum Teil wörtlich zitiert; trotz der Stileigentümlichkeiten und der unpaulinischen Vorstellung vom Auferstandensein mit Christus (Kol 1,13; 2,12; 3,1) ist er am ehesten noch als echter Paulusbrief – vielleicht in seinem Auftrag von einem Apostelschüler verfaßt – zu verstehen.

Die Pastoralbriefe an Timotheus und Titus spiegeln deutlich die Verhältnisse einer späteren Zeit, in der sich die Kirche mit der Geistesströmung der Gnosis auseinanderzusetzen hatte (1Tim 6,20); sie werden der Paulusschule zugeschrieben.

Eine Sonderstellung nimmt der 2.Thessalonicherbrief ein, der den 1.Thessalonicherbrief stellenweise wörtlich wiederholt, aber die dort angenommene Nähe der Wiederkunft Jesu (Parusie) direkt bestreitet. Falls Paulus sich nicht umgehend selber korrigiert hätte, handelte es sich um einen späteren Versuch zur Dämpfung einer übertriebenen Naherwartung der Parusie.

Allgemein als »echt« anerkannt sind die Briefe an die Römer, 1./2. Korinther, Galater, Philipper, 1.Thessalonicher und Philemon. Philipper und Philemon sind zeitlich nicht sicher einzuordnen; für die übrigen ergibt sich die Reihenfolge (Zeitrahmen zwischen ca. 50 und 56 n.Chr.):

1.Thessalonicher
Galater
1.Korinther
2.Korinther
Römer

DER BRIEF AN DIE GEMEINDE IN ROM (Römer; Röm)

A.	Briefeingang, Anlaß und Thema	1
B.	Das Evangelium, Gottes Rettungsbotschaft für alle	1–8
1–3	Die Schuld aller Menschen	
3–4	Offenbarung der Gerechtigkeit Gottes für den Glauben	
5–7	Überwindung der Sünde und Rolle des Gesetzes	
8	Leben aus dem Geist und gewisse Hoffnung	
C.	Gottes Weg mit Israel	9–11
D.	Folgerungen aus dem Geschenk der Gnade für das Leben der Gemeinde	12–15
12–13	Gnadengaben und gegenseitige Liebe	
14–15	Starke und Schwache	
E.	Reisepläne des Apostels, Grüße und Briefschluß	15–16

A. Briefeingang, Anlaß und Thema (1,1-17)

1 Präskript: Feierlicher Briefeingang mit Selbstvorstellung des Apostels (1)
Proömium: Danksagung und Besuchswunsch des Apostels (7)
Briefthema: Das Evangelium als rettende Gotteskraft und Bezeugung der Glaubensgerechtigkeit (16). »Der aus Glauben Gerechte wird leben« (17b)

B. Das Evangelium, Gottes Rettungsbotschaft für alle (1,18 – 8,39)

Die Schuld aller Menschen (1,18 – 3,20):

1 Offenbarung des Gotteszorns über Götzendienst und Verdorbenheit der Menschen (18)

2 Gottes unbestechliches Gericht über die Übertreter des Gesetzes (1); die Gewissensstimme als den Heiden ins Herz geschriebenes Gesetz (14)
Die Schuld auch der Juden; Forderung der Herzensbeschneidung (17)

3 Der Vorrang der Juden (1) und Gottes Treue trotz der menschlichen Untreue (3)
Fazit: Juden wie Heiden sind schuldig vor Gott (9)
Offenbarung der Gerechtigkeit Gottes für den Glauben (3,21 – 4,25):
Offenbarung der Gerechtigkeit Gottes im Kreuz Jesu und Rechtfertigung aus dem Glauben (21)

4 Schriftbeweis aus dem Gesetz: Abrahams Glaubensgerechtigkeit (1) – und aus den Psalmen: Davids Seligpreisung des ohne Gesetzeswerke Gerechtfertigten (6)
Abraham als Vater der Glaubenden, ob beschnitten oder nicht (9); Verheißung an Abraham unabhängig vom Gesetz (13). Abrahams vorbildlicher Glaube an den totenerweckenden Gott (17)
Überwindung der Sünde und Rolle des Gesetzes (5–7):
5 Frieden mit Gott und gewisse Hoffnung (1); Gottes Liebe in Christus: Versöhnung durch seinen Tod (5)
Adams Ungehorsam brachte Verurteilung und Tod – Christi Gehorsam bringt Gerechtigkeit und Leben [Adam-Christus-Typologie] (12)
Funktion des nachträglich hinzugekommenen Gesetzes: die Sünde großmachen, damit die Gnade noch größer wird (20)
6 Einwand: Also ruhig sündigen? (1)
Antwort: Wir sind tot für die Sünde durch die Taufe auf Jesus Christus und können/sollen deshalb als neue Menschen leben (2); Zusammenwachsen mit Tod und Auferstehung Christi (5)
Wiederholung der Frage und Antwort: Entweder Sklaven der Sünde oder der Gerechtigkeit (15): »Der Tod ist der Sünde Sold/Lohn« (23)
7 Freiheit der Christen vom Gesetz (1); altes und neues Leben, Buchstabe und Geist (6)
Das heilige und gute Gesetz Gottes wird von der Sünde mißbraucht, um ihre Macht zu entfalten (7); der Zwiespalt des der Sünde ausgelieferten Menschen (14): »Ich unglückseliger Mensch« (24)
Dank für Gottes Rettungstat (25)
8 Leben aus dem Geist und gewisse Hoffnung (8,1-39):
Das Gesetz der Sünde und des Todes und das Gesetz des Geistes und Lebens (1)
Die Gesetzeserfüllung, durch die Herrschaft der Sünde im Fleisch verhindert, wird möglich, weil Gottes Sohn die Sünde im Fleisch besiegt und verurteilt hat (3)
Leben aus dem Geist, nicht nach dem Fleisch (5)
Wir sind Gottes Kinder durch den Geist seines Sohnes; Abba-Ruf (14)
Als Kinder sind wir auch Erben (17)
Leiden in der Gegenwart und künftige Herrlichkeit der Gotteskinder, worauf die ganze Schöpfung sehnlich wartet (18)
Eintreten des Geistes für die Heiligen (26) und Gewißheit unserer Erlösung (28)
»Ist Gott für uns, wer kann gegen uns sein?« Weil Gott seinen Sohn für uns hingab, kann uns nichts mehr von seiner Liebe trennen (31)

C. Gottes Weg mit Israel (9–11)

9 Der Apostel leidet um sein Volk (1) – das Volk, das Gott erwählt und dem er die Fülle der Heilsgaben und -verheißungen geschenkt hat (4)

Gottes Verheißung bleibt gültig (6), aber nicht alle Abrahamsnachkommen sind auch Gotteskinder; Hinweis auf Jakob und Esau (7)
Freiheit der Gnadenwahl Gottes [doppelte Prädestination]; Schriftbeleg: Ex 33,19 und Verstockung des Pharao (14)
Israel hat die angebotene Glaubensgerechtigkeit abgewiesen (30) und sucht durch Gesetzeserfüllung die eigene Gerechtigkeit aufzurichten; Christus aber ist des Gesetzes Ende (10,1)
10 Gesetzesgerechtigkeit und Glaubensgerechtigkeit (5)
Israel hat keine Entschuldigung: Es hat die Botschaft gehört (14)
11 Nicht ganz Israel ist verstoßen – der erwählte Rest (1)
Nicht für immer ist Israel verstoßen, nur zeitweise zugunsten der Heiden (11)
Das Bild vom Ölbaum und den ausgerissenen edlen und eingepfropften wilden Zweigen: Warnung der Heidenchristen vor Überheblichkeit (16); Gottes Güte und Strenge (22)
Das Geheimnis: Zuletzt wird ganz Israel gerettet (25); »Gott hat alle in den Ungehorsam eingeschlossen, um sich über alle zu erbarmen« (32)
Lobpreis der unerforschlichen Wunderwege Gottes (33)

D. Folgerungen aus dem Geschenk der Gnade für das Leben der Gemeinde (12,1–15,13)

12 Das Leben der Christen als Opfergottesdienst (1)
Die Gnadengaben zum gegenseitigen Dienst; Leib und Glieder (3)
Anweisungen für ein Leben aus der Liebe (9)
13 Unterordnung der Christen unter die Staatsgewalt (1)
Liebe als Erfüllung des Gesetzes (8)
Leben im Licht des kommenden Tages (11)
Schwache und Starke in der Gemeinde (14,1–15,13):
14 Die Frage der Fasttage und erlaubten Speisen (1)
Keiner lebt für sich selbst; wir leben und sterben dem Herrn (7)
Die Starken im Glauben sollen die Schwachen nicht zum Handeln gegen ihr Gewissen verleiten (13)
15 »Nehmt einander an, so wie Christus euch angenommen hat« (1); heilsgeschichtliche Begründung: Christus als Diener der Juden um der *Treue* Gottes willen; die Heidenchristen haben Gott für sein *Erbarmen* zu danken (8)

E. Reisepläne des Apostels, Grüße und Briefschluß (15,14–16,27)

15 Der apostolische Auftrag des Paulus und seine Missionsarbeit unter den Heiden (14)
Plan, die römische Gemeinde auf dem Weg zum neuen Missionsfeld Spanien zu besuchen (22); zuvor Überbringung der Kollekte der heidenchristlichen Gemeinden nach Jerusalem (25)

Aufruf zur Fürbitte für den Apostel: für Rettung vor den ungläubigen Juden und Annahme der Kollekte durch die Heiligen (30)

16 Empfehlung für die Diakonin Phöbe, die Überbringerin des Briefes (1)
Grüße an Mitarbeiter/innen und Christen/Christinnen in Rom (3)
Warnung vor Irrlehrern (17)
Grüße aus der Umgebung von Paulus (21)
Abschließender Lobpreis Gottes (25)

Wichtiges in Kürze

Entstehung: ca. 55/56 n.Chr., wahrscheinlich in Korinth; Anlaß vgl. 15,23f
Thema: Rechenschaft über das paulinische Evangelium
Theologisches Profil:

- o Ausführliche Darlegung der gesetzesfreien Evangeliumsverkündigung des Apostels: Rechtfertigung aus Glauben ohne Gesetzeswerke (1,17; 3,21-28; usw.) und deren Folgen für das Leben der Christen (6; 8; 12–15)
- o Der Brief wird oft »theologisches Testament« des Apostels genannt
- o Taufverständnis des Paulus: Tot für die Sünde durch das Mitsterben mit Christus (6,3-11)

Probleme:

- o Funktion des Gesetzes: zur Erfüllung gegeben – oder zum Sündenaufweis (3,20; 4,15; 5,12f.20; 7,7-13; vgl. Gal 3,19)?
- o »Sonderweg« Gottes mit seinem Bundesvolk Israel (9–11)?

Merkstoff:

- Briefthema: »Der aus Glauben Gerechte wird leben« (1,17)
- Alle Menschen sind schuldig (1–3); Gott offenbart seine rettende Gerechtigkeit (3,21f)
- Abraham als Vater des Glaubens (4)
- Adam und Christus (5)
- Rolle des Gesetzes (7)
- Fleisch und Geist (8)
- »Nichts kann uns trennen von der Liebe Gottes« (8,38f)
- Israels Verwerfung und endliche Rettung (9–11); Bild vom Ölbaum (11)
- Leben als Gottesdienst (12)
- Unterordnung unter die Staatsgewalt (13)
- Liebe als Erfüllung des Gesetzes (13,8-10)
- Starke und Schwache (14–15)

DER 1. BRIEF AN DIE GEMEINDE IN KORINTH (1Kor)

1 Präskript [Mitabsender Sosthenes] (1)
Proömium: Danksagung an Gott für das Wirken des Geistes in der Gemeinde (4)

A. Spaltungen (Parteien) in der Gemeinde (1,10–4,20)

1 Gegen das Parteiwesen in der korinthischen Gemeinde (10)
Das Wort vom Kreuz als Grundlage und Maßstab – Umkehrung von Weisheit und Torheit (18)
Dem entspricht die Zusammensetzung der Gemeinde; kein Selbstruhm (26)

2 Paulus verkündet auch Weisheit, aber den »Vollkommenen« (6), was die parteisüchtigen Korinther nicht sind (3,1)

3 Apollos und Paulus sind beide nur Diener und Mitarbeiter Gottes (5)
Die Gemeinde als Bau auf dem Fundament Jesus Christus; die Bauleute werden zur Rechenschaft gezogen (9); die Gemeinde als Tempel des Heiligen Geistes (16)

Nicht Menschen rühmen: »Alles ist euer, ihr aber seid Christi« (18)
4 Nur Christus steht ein Urteil über Paulus zu (1)
Die Sattheit der Korinther und die Schmach der Apostel (6)
Warnung an die Wichtigtuer: »Das Reich Gottes steht nicht in Worten« (18)

B. Schwere Mißstände in der Gemeinde (5–6)

5 Ein beschämender Fall von Unzucht (1); der alte Sauerteig und Christus als unser Passalamm (6)
6 Ebenso beschämend: Prozesse zwischen Christen (1)
Alles erlaubt – auch die Prostitution? Der Leib als Tempel des Heiligen Geistes (12)

C. Fragen des Lebens in der Gemeinde (7–11)

7 *Über Ehe, Ehelosigkeit und Ehescheidung (7,1-40):*
Gegen sexuelle Askese; Einzelregelungen (1)
Keine Standesänderung anstreben; Sklavenfrage (17)
Frei sein für den Herrn (25); »haben, als hätte man nicht« (29)
Über das Essen von Götzenopferfleisch (8–10):
8 Liebe steht über Erkenntnis; Rücksichtnahme auf Schwache (1)
9 Paulus als Vorbild im Verzicht auf Rechte (1); Diener aller: »den Juden ein Jude, den Griechen ein Grieche« (19)
10 Das warnende Beispiel Israels (1); Unvereinbarkeit von Herrnmahl und Götzenmahl (14)
»Alles ist erlaubt«, aber Rücksicht auf die Schwachen (23; 11,1)
11 *Mißstände im Gottesdienst (11,2-34):*
Verhalten der Frauen beim öffentlichen Reden im Gottesdienst (2)
Mißstände beim Herrnmahl; Einsetzungsworte und Warnung vor »unwürdigem« Genuß (17)

D. Über die Geistesgaben (12–14)

12 Vielfalt der Geistesgaben (1; 28); Bild vom Leib und den Gliedern (12)
13 Liebe als höchste Geistesgabe (12,31); das Hohelied der Liebe (13,1)
14 Vorrang der Prophetie vor der Zungenrede (1); Schweigegebot für Frauen [steht in Spannung zu 11,5!] (33b)

E. Über die Auferstehung der Toten (Kap 15)

15 Erinnerung an die Glaubensgrundlage, das urchristliche Bekenntnis; Auferstehungszeugen (1)
Auferstehung Christi als Grund der Auferstehungshoffnung (12)
Die Endereignisse; zuletzt »Gott alles in allem« (23)

Auferstehung wie? Der unvergängliche Geistleib der Auferstandenen; erster und zweiter Adam (35)
Auferweckung der Toten, Verwandlung der Lebenden; »Tod, wo ist dein Stachel?« (50)

F. Kollekte für Jerusalem und Briefschluß (Kap 16)

16 Durchführung der Sammlung für die Gemeinde in Jerusalem (1)
Reisepläne, Empfehlung für Timotheus, letzte Mahnungen (5)
Eigenhändiger Schluß; »Maranata« (21)

Wichtiges in Kürze

Entstehung: Frühjahr 54 oder 55 n. Chr., wahrscheinlich in Ephesus; Anlaß: Bericht über Mißstände (1,11; 5,1; 6,1.12; 11,18; 15,12; vgl. 16,17) und Fragenkatalog (7,1; 8,1; 12,1; 16,1)
Theologisches Profil:
- o Gegen die schwärmerische Überschätzung des Geistbesitzes (Kap 13; 14,1) und deren Folgen (»alles ist erlaubt«: 6,12ff; 10,23f)
- o Das »Wort vom Kreuz« als Maßstab (1,17–2,5)
- o Naherwartung der Wiederkunft/Parusie als Regulativ des Verhaltens (»als ob nicht« 7,29ff)

Problem: Was sagt Paulus über die Sklavenfreilassung (verschiedene Übersetzungsmöglichkeiten von 7,21b)?
Merkstoff:
- Das Wort vom Kreuz (1,18ff)
- Der Leib als Tempel des Geistes (6,19)
- Ehe und Ehelosigkeit (7)
- Götzenopferfleisch (8–10)
- Verzicht des Apostels auf seine Vorrechte (9)
- Korinthische Parolen: »Alles ist erlaubt« (6,12; 10,23); »Wir alle haben Erkenntnis« (8,1)
- Die Frau im Gottesdienst (11,2ff; 14,33b-36)
- Mißstände beim Herrnmahl (11,17ff)
- Einsetzungsworte des Herrnmahls (11,23-25)
- Der Leib Christi und seine Glieder (12)
- Hoheslied der Liebe (13)
- Auferstehung und Auferstehungsleib (15)
- Bekenntnisformeln: Ein Gott – ein Herr (8,6); Christus gestorben, begraben, auferweckt und erschienen (15,3-7)

DER 2. BRIEF AN DIE GEMEINDE IN KORINTH (2Kor)

A. Der Apostel rechtfertigt sein Verhalten		1–2
1	Der Gott allen Trostes	
2	Die Absicht des »Tränenbriefs«	
B. Das Wesen [Apologie] des Apostelamts		2–7
2–4	Herrlichkeit des Dienstes – Schwachheit des Dieners	
5–6	Gottes Versöhnungsbotschaft	
7	Heilsame Traurigkeit der Gemeinde	
C. Die Geldsammlung [Kollekte] für die Gemeinde in Jerusalem		8–9
D. Paulus und die falschen Apostel (Verteidigung der Legitimität seines Apostolats)		10–13
10	Falscher und wahrer Ruhm	
11	Paulus rühmt sich seiner Leiden (Peristasenkatalog)	
12	Die hohen Offenbarungen und der Stachel im Fleisch	
12–13	Werbung um die Gemeinde und Warnung	

1 Präskript [Mitabsender Timotheus] (1)
Proömium als Eulogie: Der Gott allen Trostes hat Paulus aus Todesnot gerettet (3)

A. Der Apostel rechtfertigt sein Verhalten (1,12–2,13)

1 Wahrhaftigkeit des Apostels und Christus als Gottes Ja (12); nur aus Schonung kein weiterer Besuch in Korinth (23)
2 So stand es im »Tränenbrief«! (1)
Jetzt ist es Zeit zu vergeben [nämlich dem, der Paulus bei seinem Zwischenbesuch angegriffen und beleidigt hat] (5)
Paulus wartet in Troas sehnlich auf Nachricht aus Korinth (12; Fortsetzung 7,5)

B. Das Wesen [Apologie] des Apostelamts (2,14–7,4)

2 Paulus, von Gott im Triumphzug Christi mitgeführt, verbreitet den Wohlgeruch der Erkenntnis Christi, zum Tod oder zum Leben (14)
3 Die Gemeinde als Empfehlungsbrief des Apostels (1)
Paulus als Diener des neuen Bundes; Herrlichkeit dieses Dienstes im Vergleich zum Dienst Moses (4)

4 Verteidigung [Apologie] des Apostels (1); die Herrlichkeit Gottes auf dem Antlitz Jesu Christi (6)
Der kostbare Schatz im irdenen Gefäß; im Mitsterben des Apostels mit Christus offenbart sich die Kraft seiner Auferstehung (7)
5 Hoffnung auf den Auferstehungsleib, unser »Haus im Himmel«; der Geist als Anzahlung (1); Bewußtsein der künftigen Rechenschaft vor dem Richterstuhl Christi (9)
Paulus bewegt von der Liebe Christi (13), im Dienst der Versöhnungsbotschaft Gottes: »Gott hat uns durch Christus mit sich versöhnt« (18; 6,1)
6 Selbstempfehlung des Apostels durch selbstlosen Dienst, »als die Sterbenden, und siehe, wir leben« (3); Werbung um die Korinther (11-13; 7,2-4)
Einschub: Warnung vor Gemeinschaft mit Ungläubigen (6,14–7,1)
7 *Fortsetzung von 2,13:*
Freude durch Ankunft des Titus (5; 13b) und über die Wirkung des »Tränenbriefs«: gottgewollte Traurigkeit (8); Anerkennung der Autorität des Apostels (15)

C. Die Geldsammlung [Kollekte] für die Gemeinde in Jerusalem (8–9)

8 Erste Behandlung des Kollektenthemas (1)
9 Zweite Behandlung des Kollektenthemas (1)

D. Paulus und die falschen Apostel [Legitimität seines Apostolats] (10–13)

10 Verteidigung des Apostels gegen Angriffe (1)
Der Selbstruhm der falschen Apostel und Paulus' Rühmen mit dem, was Gott durch ihn vollbracht hat (12)
11 Warnung vor Verführung zu einem anderen Christus, Geist, Evangelium (1)
Des Paulus' einziger Mangel im Vergleich mit den »Superaposteln«: Er läßt sich nicht von der Gemeinde aushalten (5)
Die falschen Apostel als Diener Satans (13)
Selbstanpreisung des Paulus als »Narrenrede« (16): seine Mühen und Leiden für Christus [Peristasenkatalog] (23); er rühmt sich seiner Schwachheit (30)
12 Fortsetzung der Narrenrede: Entrückung in den dritten Himmel (1) und der Stachel im Fleisch (7); »Laß dir an meiner Gnade genügen« (9)
Ringen des Apostels um die Gemeinde (11)
13 Warnungen im Blick auf den dritten Besuch (1)

Briefschluß: Schlußmahnung und trinitarischer Segenswunsch (13,11)

Wichtiges in Kürze

Entstehung: 55 oder 56 n. Chr. in Ephesus oder Mazedonien; Anlaß: Erschütterung der Autorität des Apostels durch das Auftreten von Wandermissionaren
Thema: Die Legitimität des paulinischen Apostolats
Theologisches Profil:

- o Herrlichkeit und Niedrigkeit des Aposteldienstes (3,7–5,10)
- o Die Botschaft von der Versöhnung – nicht Gottes, sondern des Menschen mit Gott (5,11–6,10)
- o Torheit und Notwendigkeit des Selbstruhms (10–12); Paulus rühmt sich seiner Schwachheit (11,23ff; 12,9f)

Probleme:

- o Identität der Irrlehrer: weder »Judaisten« (Gal) noch Gnostiker (1Tim 6,20)
- o Deutung der »Superapostel« (11,5; 12,11) auf die Irrlehrer oder (unwahrscheinlich) die Jerusalemer Urapostel?
- o Einheitlicher Brief oder Zusammenstellung von mehreren? Bruch zwischen 2,13 und 2,14; Doppelung 8,1/9,1 und Umschlag in 10,1)

Merkstoff:

- Der Vater der Barmherzigkeit und Gott allen Trostes (1)
- Erwähnungen des »Tränenbriefs« (2,3f; 7,8-12)
- Evangeliumsverkündigung als Triumphzug Christi (2,14ff)
- Alter und neuer Bund, Buchstabe und Geist (3); der Schatz in irdenen Gefäßen (4,7ff)
- »Gott hat uns durch Christus mit sich versöhnt« (5,18; d.h. im Kreuz Christi selbst Sühne geschaffen für unsere Schuld: 5,21!)
- Kollekte für Jerusalem (8–9)
- Selbstempfehlung als Narrenrede (11–12); Peristasenkatalog (11,23ff); Pfahl im Fleisch (12,7)

DER BRIEF AN DIE GEMEINDEN IN GALATIEN (Galater; Gal)

A.	Autorität und Verkündigung des Apostels	1–2
1	Kein anderes Evangelium Empfang des paulinischen Evangeliums durch die Christusoffenbarung	
2	Anerkennung des gesetzesfreien Evangeliums durch die »Säulen«	
B.	Thematischer Hauptteil: Glaube als Freiheit vom Gesetz	3–5
3	Gesetz und Abrahamsverheißung	
3–4	Sklaven des Gesetzes und Kinder Gottes	
4	Die beiden Frauen Abrahams	
5	Entweder Beschneidung oder Christus	
C.	Paränetischer Teil: Liebe als Sinn der Freiheit	5–6
5	Werke des Fleisches und Früchte des Geistes	
6	Einander die Last tragen: das Gesetz Christi	
D.	Eigenhändiger Schluß	6

A. Autorität und Verkündigung des Apostels (1–2)

1 Gezielt erweitertes Präskript (1)
Warnung vor Abfall zu einem »anderen Evangelium«; Fluchdrohung (6)
Paulus hat sein Evangelium direkt von Gott (11); sein früherer Gesetzeseifer und seine Berufung (13); Unabhängigkeit von den Jerusalemer Aposteln (17)

2 Anerkennung der gesetzesfreien Evangeliumsverkündigung durch die Jerusalemer »Säulen« Jakobus, Kephas/Petrus, Johannes; Vereinbarung über die Unterstützung der Armen in Jerusalem (10)
Streit mit Petrus in Antiochia über die Tischgemeinschaft zwischen Juden- und Heidenchristen (11); Paulus: Auch Juden werden nur durch Glauben gerecht, sonst wäre Christus vergeblich gestorben (15)

B. Thematischer Hauptteil: Glaube als Freiheit vom Gesetz (3,1–5,12)

3 Geistempfang durch Gesetzeswerke oder Glaubenspredigt? (1)
Die Segensverheißung für alle Völker gilt denen, die wie Abraham glauben (6); das Gesetz stellt unter den Fluch, von dem Christus uns losgekauft hat (10)
Die Verheißung an Abraham erging lange vor dem Gesetz (15)

Das Gesetz als Zuchtmeister für Unmündige (19)
Durch Glauben und Taufe mündige Kinder Gottes; alle Unterschiede, wie zwischen Sklaven und Freien, Männern und Frauen, so auch zwischen Juden und Nichtjuden hinfällig (26)

4 Frei von der Knechtschaft unter dem Gesetz durch Sendung des Sohnes (1) – und da wollt ihr wieder Sklaven sein? (8)
Argument aus dem Gesetz: Die beiden Frauen Abrahams als Bild für Sklaverei und Freiheit, Sinai und himmlisches Jerusalem (21)

5 Frei bleiben! Beschneidung und Christusgnade schließen sich aus (1)
Was allein zählt: Glaube, der in der Liebe wirksam ist (5)

C. Paränetischer Teil: Befreit zur Liebe (5,13–6,10)

5 Freiheit ist kein Freibrief; Liebe als Erfüllung des Gesetzes (13)
Die Werke des Fleisches und die Früchte des Geistes [Laster- und Tugendkatalog] (16)

6 Einander die Last tragen; Liebe als Gesetz Christi (1); Gutes tun, solange noch Zeit ist (7)

D. Eigenhändiger Schluß (6,11-18)

6 Letzte Mahnung: Das Kreuz als Maßstab (11)

Wichtiges in Kürze

Entstehung: ca. 53/54 n. Chr., wahrscheinlich in Ephesus; Anlaß: Auftreten von Judenchristen, die die Beschneidung fordern (»Judaisten«)
Thema: Freiheit vom Gesetz
Theologisches Profil:
- o Evangelium [Christus] und Gesetz schließen sich aus (1,6-9; 5,1ff)
- o Auch Juden werden allein aus Glauben gerechtfertigt (2,14ff)
- o Glaube, der sich in der Liebe auswirkt (5,6; 6,1ff)

Merkstoff:
- Kein anderes Evangelium (1)
- Das Gesetz als Pädagoge = Zuchtmeister (3,23f)
- Zur Freiheit befreit (5,1) – zur Liebe befreit (5,13); das Gesetz Christi (6,2)
- »Nicht ich lebe, sondern Christus in mir« (2,20)
- Menschliche Unterschiede »in Christus« aufgehoben (3,28)
- Angaben des Paulus über seine Biographie (1,13ff)

DER BRIEF AN DIE GEMEINDE IN EPHESUS (Epheser; Eph)

A.	Thematischer Teil: Erwählung der Glaubenden in Christus; die Kirche als der neue Mensch	1–3
1	Erwählung in Christus vor Erschaffung der Welt	
2	Die eine Kirche aus Juden und Heiden	
3	Paulus als Apostel der Heidenchristen	
B.	Paränetischer Teil: Bewahrung der Einheit der Kirche und Leben aus der Gnade	4–6
4	Grundlagen der Einheit der Kirche Der alte und der neue Mensch	
5–6	Christliche Ehe und Haustafel	
6	Geistliche Waffenrüstung	

A. Thematischer Teil (1–3)

1 Präskript (1)
Proömium als Eulogie: Preis Gottes für seinen Heilsplan (3)
Danksagung an Gott und Fürbitte für die Gemeinde (15);
Christus als Herr über alle Mächte und Haupt der Kirche (20)

2 Rettung der Adressaten aus reiner Gnade (1)
Sie sind Teilhaber an Bund und Verheißungen geworden (11), weil Christus am Kreuz das Gesetz abgetan und aus Juden und Heiden [Heidenchristen] den einen neuen Menschen gemacht hat (14)
Die Kirche als Wohnung Gottes, erbaut auf dem Grund der Apostel und Propheten, mit Jesus Christus als Eckstein (20)

3 Durch Paulus als Apostel der Heiden hat Gott das Geheimnis seines universalen Heilsplans bekanntgemacht (1)
Feierliche Fürbitte des Apostels für die Adressaten (14)

B. Paränetischer Teil (4–6)

4 Aufruf zur Wahrung der Einheit; die Einheitsmerkmale der Kirche (1)
Die Ämter als Gaben Christi zum Aufbau der Gemeinde (7)
Ablegen des alten und Anziehen des neuen Menschen (17)

5 Absage an die Finsternis und Leben als Kinder des Lichts (1)

5/6 *Christliche Haustafel:* Unterordnung der Frau, Liebe des Mannes nach dem Vorbild der Liebe Christi zur Kirche (21); Kinder und Väter (6,1), Sklaven und Herren (6,5)

6 Die geistliche Waffenrüstung gegen die Mächte der Finsternis (10)
Briefschluß (21)

Wichtiges in Kürze

Entstehung: 80–100 n. Chr., vermutlich in Kleinasien; setzt Kolosserbrief voraus
Thema: Christus und die Kirche
Theologisches Profil:

- o Christus als Grund der Erwählung (1,4), Herr aller gottfeindlichen Mächte (1,21; 2,2; 3,10; 6,12) und Haupt der Kirche (1,22f; 4,15f)
- o Berufung der Heiden (2,11-13.19; 3,6) und Einheit von ehemaligen Juden und Heiden in der Kirche (2,14ff)
- o Apostel und (urchristliche) Propheten als Fundament der Kirche, dem geistlichen Tempel Gottes (2,20-22)

Problem: Adresse »in Ephesus« fehlt in wichtigen Handschriften; Verfasser s. o. S.157
Merkstoff:

- Christus als Friede: Einheit der Kirche aus Juden und Heiden (2,14ff)
- Paulus als Heidenapostel (3)
- Die Einheit der Kirche und ihre Ämter (4)
- Alter und neuer Mensch (4,17ff)
- Haustafel (5–6)
- Vergleich: Mann und Frau – Christus und die Kirche (5,22ff)
- Geistliche Waffenrüstung (6,14-17)
- Tauflied: »Wach auf, der du schläfst« (5,14)

DER BRIEF AN DIE GEMEINDE IN PHILIPPI (Philipper; Phil)

A.	Der gefangene Paulus und die Philipper		1–2
	1	Paulus vor Gericht	
	2	Aufruf zur Einigkeit	
		Christushymnus: »Gehorsam bis zum Kreuzestod«	
		Timotheus und Epaphroditus	
B.	Warnung vor falschen Missionaren		3
	3	Was Paulus für Christus aufgegeben hat	
		Eigene Gerechtigkeit und Glaubensgerechtigkeit	
C.	Mahnung und Dank für Unterstützung		4

1 Präskript [Mitabsender Timotheus] (1)
Proömium: Danksagung an Gott und Fürbitte (3)

A. Der gefangene Paulus und die Philipper (1,12–3,1)

1 Die Gefangenschaft des Apostels dient der Ausbreitung des Evangeliums (12)
Ungewisser Ausgang des Prozesses und Zuversicht des Apostels (19)
Ermutigung zur Standhaftigkeit in Anfeindungen (27)
2 Aufruf zur Eintracht (1); Begründung durch den Christushymnus (5)
Aufruf zur Bewährung (12)
Ankündigung und Empfehlung des Timotheus (19)
Erklärung der Rücksendung des Epaphroditus (25)
3 Aufruf zur Freude (1)

B. Warnung vor falschen Missionaren (3,2-21)

3 Warnung vor judenchristlichen Irrlehrern; Vorzüge, die Paulus um Christi willen als »Dreck« erachtet hat (2)
Verzicht auf eigene Gerechtigkeit und Zuhalten auf das Ziel der Vollendung durch und mit Christus (9)
Mahnung an die »Vollkommenen« (15)

C. Mahnung und Dank für Unterstützung (Kap 4)

4 Abschließende Mahnung (1)
Dank an die Gemeinde für die von Epaphroditus überbrachte Unterstützung (10). Briefschluß (21)

Wichtiges in Kürze

Entstehung: Wahrscheinlich ca. 55 n. Chr. in Gefangenschaft in Ephesus
Motive:
- o Paulus vor Gericht um des Evangeliums willen (1,12ff)
- o Einigkeit der Gemeinde, begründet im Christusgeschehen [Christushymnus] (2)
- o Freude im Herrn (2,18; 3,1; 4,4)
- o Verzicht des Apostels auf die eigene Gerechtigkeit und alle religiösen Vorzüge (3)
- o Genügsamkeit des Apostels (4,11-13)

Probleme:
- o Abfassungsort des Briefes (»Prätorium« in 1,13 kann auf Rom, Cäsarea oder – am wahrscheinlichsten – Ephesus weisen)
- o Zusammenstellung mehrerer Einzelbriefe? Indizien: abrupte Themaänderung in 3,2; Erwähnung der Gabe der Gemeinde erst im Schlußteil (4,10)

Merkstoff:
- Christushymnus (2,6-11)
- Vorbildlichkeit des gesetzestreuen Paulus und sein Verzicht auf die eigene Gerechtigkeit, um Christus zu gewinnen (3)
- Freude im Herrn (4,4)
- »Der Friede Gottes, der höher ist als alle Vernunft« (4,7)

DER BRIEF AN DIE GEMEINDE IN KOLOSSÄ (Kolosser; Kol)

A. <u>In Christus haben wir alles</u>		1–2
1	Christushymnus: »Das Ebenbild des unsichtbaren Gottes«	
2	Warnung vor der kolossischen Philosophie	
B. <u>Eine Lebensführung, die dem entspricht</u>		3–4
3	»Trachtet nach dem, was droben ist«	
	Alter und neuer Mensch; Haustafel	

1 Präskript [Mitabsender Timotheus] (1)
Proömium: Danksagung an Gott für die Gemeinde (3); Epaphras als Gründer der Gemeinde (7)

A. In Christus haben wir alles (1,9–2,23)

1 Fürbitte für die Gemeinde (9). Christus hat uns der Macht der Finsternis entrissen (12)
Christushymnus: Christus als Anfang der Schöpfung und Neuschöpfung; Friedensstiftung durch sein Blut (15)
Stellvertretendes Leiden des Apostels und seine Christusverkündigung unter den Heiden (24)

2 Warnung vor einer falschen Heilslehre [»Philosophie«]: In Christus liegen alle Schätze der Weisheit, wohnt die ganze Heilsfülle Gottes (1)
Die Taufe als wahre Beschneidung und Auferweckung mit Christus; Tilgung der Schuld und Entmachtung der Mächte (11)
Deshalb keine Verhaltensvorschriften und Engelverehrung (16)

B. Eine Lebensführung, die dem entspricht (3–4)

3 Ausrichtung nach oben; Ablegen des alten und Anziehen des neuen Menschen (1)
»Laßt das Wort Christi mit seinem Reichtum unter euch wohnen« (16)
Christliche Haustafel: Frauen und Männer, Kinder und Eltern, Sklaven und Herren (18)

4 Aufruf zum Beten, Verhalten gegenüber Außenstehenden (2)

Briefschluß: Mitteilungen und Grüße; eigenhändiger Gruß (7)

Wichtiges in Kürze

Entstehung: Ort und Zeit ungewiß; Verfasser s. o. S. 157
Theologisches Profil:
- Christus steht über allen kosmischen Mächten (Christushymnus Kap 1; 2,10.15)
- Die Fülle des Heils liegt in Christus (2,8ff), deshalb keine besonderen Frömmigkeitsübungen (2,16ff)

Problem: Die »kolossische Philosophie«: Wahrscheinlich die Vorstellung, daß Engel [»Weltelemente« = kosmische Mächte] der Seele nach dem Tod den Aufstieg in die höheren Sphären verwehren könnten und diese deshalb durch Meidung bestimmter Speisen und Engelverehrung gnädig gestimmt werden müßten (2,16-23)
Merkstoff:
- Christushymnus (1,15-20)
- Die kolossische »Philosphie« (2,8); Christus als Fülle des Heils und Herr der kosmischen Mächte (2,9ff)
- Taufe als Begrabenwerden und Auferstehen mit Christus (2,11f)
- Liebe als »Band der Vollkommenheit« (3,14)
- Haustafel (3,18–4,1)

DER 1. BRIEF AN DIE GEMEINDE IN THESSALONICH (1Thess)

A. Paulus und die Gemeinde in Thessalonich		1–3
1	Die Gemeinde in Thessalonich als Vorbild	
2	Die Glaubwürdigkeit und Uneigennützigkeit des Apostels	
3	Sorge des Apostels um die Gemeinde	
B. Paränetischer Teil: Das Leben der Christen (Heiligung) und das Schicksal der Verstorbenen		4–5

A. Paulus und die Gemeinde in Thessalonich (1–3)

1 Präskript [Mitabsender Silvanus und Timotheus] (1)
Proömium: Danksagung an Gott für die Gemeinde (2); ihre Vorbildfunktion (6); Inhalt ihres Glaubens (9)
2 Verteidigung des Apostels gegen Verdächtigungen (1), seine Verkündigung als Gotteswort, wirksam in Thessalonich im Erdulden der Verfolgung; Ausfall gegen die Juden als Christenverfolger (13)
3 Sorge des Apostels um die Gemeinde (2,17); Rückkehr des Timotheus mit beruhigenden Nachrichten (3,1)

B. Paränetischer Teil: Heiligung, Schicksal der Verstorbenen (4–5)

4 Aufruf zu Fortschritten in der Heiligung; Arbeit für den Lebensunterhalt (1)
Aufklärung eines Mißverständnisses über das Schicksal der Verstorbenen; Ablauf der Endereignisse nach einem »Wort des Herrn« (13)
5 Leben im Licht des kommenden Tages (1); Einzelermahnungen (12)
Briefschluß mit Aufforderung zur öffentlichen Verlesung (23)

Wichtiges in Kürze

Entstehung: 50 oder 51 n.Chr. in Korinth
Motive:
- o Verteidigung des Apostels [Apologie] gegen Verdächtigungen (2)
- o Aufruf zur Heiligung (4; 5)
- o Aufklärung über das Schicksal der vor der Wiederkunft Christi/Parusie Sterbenden in Form einer kleine Apokalypse (4,13–5,11)

Merkstoff:
- Kurzfassung des Glaubensinhalts (1,9f)
- Heiligung (4,1ff)
- Schicksal der Verstorbenen bei der Wiederkunft Christi (4,13ff)

DER 2. BRIEF AN DIE GEMEINDE IN THESSALONICH (2Thess)

A. Gegen eine überhitzte Naherwartung der Parusie (1–2)

1 Präskript [Mitabsender Silvanus und Timotheus] (1)
Proömium: Danksagung an Gott für die Standhaftigkeit der Gemeinde in Verfolgungen, sicheres Gericht über die Verfolger, Fürbitte (3)
2 Was vor dem Tag des Herrn noch geschehen muß: Abfall, Auftreten des Widersachers, noch verzögert durch ein »Aufhaltendes« (1)
Festhalten an der Lehre des Apostels (13)

B. Spezielle Paränese (Kap 3)

3 Aufruf zur Fürbitte für den Apostel (1)
Aufruf zur Trennung von Müßiggängern, Erinnerung an das Vorbild des Apostels (6)
Briefschluß mit eigenhändigem Gruß (17)

Wichtiges in Kürze

Entstehung: ungewiß; zur Verfasserfrage s.o.S.157
Thema: Aufklärung über den Aufschub der Wiederkunft Christi [Parusie] (Kap 2) und Warnung vor Vernachlässigung der irdischen Pflichten (3,6-12)
Merkstoff:
- Der Widersacher/Antichrist und die Verzögerung seines Auftretens (2)
- »Wer nicht arbeiten will ...« (3,10)

DER 1. BRIEF AN TIMOTHEUS (1Tim)

A. Gefahr durch falsche Lehren und Auftrag an Timotheus	1
B. Anweisungen für das Leben der Gemeinde	2–3
C. Anweisungen für die Amtsführung des Timotheus	4–6
D. Ermahnung zur Treue im aufgetragenen Dienst	6

A. Gefahr durch falsche Lehren und Auftrag an Timotheus (Kap 1)

1 Präskript (1)
Erinnerung an den Auftrag, die Irrlehrer in Ephesus zu bekämpfen (3; 18)
Paulus als Beispiel für Gottes Erbarmen (12)

B. Anweisungen für das Leben der Gemeinde (2–3)

2 Gebet für alle Menschen, besonders die Regierenden (1)
Verhalten von Männern und Frauen im Gottesdienst (8)
3 Anforderungen an Bischöfe/Gemeindeleiter (1) und an Diakone und Diakoninnen (8)
Die Kirche als Zeugin für das Geheimnis des Glaubens (14)

C. Anweisungen für die Amtsführung des Timotheus (4,1–6,10)

4 Warnung vor künftigen Irrlehrern (1)
Timotheus als Vorbild, Lehrer und Seelsorger (11)
5 Versorgung und Dienst der Witwen (3)
Entlohnung der Presbyter/Ältesten und Disziplinarregelung (17)
6 Ermahnung an die Sklaven (1)
Habgier als Beweggrund der Irrlehrer (3)

D. Ermahnung zur Treue im aufgetragenen Dienst (6,11-21)

6 Der gute Kampf des Glaubens (11)
Aufforderung zur Ermahnung der Reichen (17)
Warnung vor falscher Erkenntnis [»Gnosis«] (20)

Wichtiges in Kürze

Entstehung: s. o. S. 157
Theologisches Profil:
- o Bewahrung der »gesunden Lehre« (1,10; 2Tim 4,3) gegen judaistisch-gnostische (6,20) Irrlehrer; deren Charakterisierung:
  - asketische Tendenzen; gesetzliche Speisevorschriften (4,1ff; vgl. 1,8)
  - Äonenspekulationen im Anschluß an die Genealogien der Genesis (1,3f; 4,7 usw.)
  - Spiritualisierung des Auferstehungsglaubens (2Tim 2,18)
- o Stabilisierung der Gemeinde durch Betonung der Ämterordnung (3,1ff; Tit 1,5ff) und Hausordnung (2,9ff; Tit 2)

Problem: Umstritten ist, ob in 3,11 von den Frauen der Diakone oder von Diakoninnen [wörtlich »die«, nicht »ihre« Frauen!] die Rede ist; vgl. Röm 16,1: Phöbe als [wörtlich] »Diakon«

Merkstoff:
- Bischöfe (3), Diakone (3) und Witwen (5)
- Die Irrlehrer (1; 4; 6); die sog. Gnosis (6,20)
- Bekenntnisformulierungen (2,5; 3,16)
- Frömmigkeit statt Askese (4,8); Genügsamkeit (6,6-8)

DER 2. BRIEF AN TIMOTHEUS (2Tim)

A. Treue zum Evangelium auch in Verfolgung	1–2
B. Auseinandersetzung mit der Irrlehre	2–3
C. Das Vorbild des Apostels	3–4
D. Persönliche Mitteilungen	4

A. Treue zum Evangelium auch in Verfolgung (1,1–2,13)

1 Präskript (1)
Danksagung an Gott für den Glauben des Timotheus (3)
Aufruf zu furchtlosem Bekenntnis trotz Gefangenschaft des Apostels (6)
Leuchtendes Beispiel des Onesiphorus (15)
2 Anweisung zur Weitergabe der Lehre (1)
Mit dem Apostel für Christus leiden (3)

B. Auseinandersetzung mit der Irrlehre (2,14–3,9)

2 Warnung vor Streitgesprächen mit Irrlehrern; deren Behauptung, die Auferstehung sei schon geschehen (14)
3 Sittenverfall und Auftreten von Verführern vor dem Weltende (1)

C. Das Vorbild des Apostels (3,10–4,8)

3 Orientierung am Vorbild des Apostels, an der überlieferten Lehre und an den inspirierten Schriften (10); ihre Bedeutung für den Lehrer (16)
4 Das Testament des Apostels: Timotheus soll die »gesunde Lehre« zur Geltung bringen (1)
»Ich habe den Lauf vollendet« (6)

D. Persönliche Mitteilungen (4,9-22)

4 Der einsam gewordene Apostel bittet Timotheus zu sich (9)
Guter Ausgang der ersten Gerichtsverhandlung; ihr Hauptergebnis: Alle Völker haben jetzt die Christusbotschaft gehört (16)
Briefschluß: Grüße und weitere Mitteilungen (19)

Wichtiges in Kürze

Entstehung: s. o. S. 157
Theologisches Profil: Wie in 1.Timotheus; außerdem: Ermutigung zum Ertragen von Verfolgungen (1,8; 2,3.12 usw.), Orientierung am Vorbild des Apostels (3,10-13; dessen »Testament« 4,1-8) und an den alttestamentlichen Schriften (3,15-17)
Merkstoff:
- Vorbild des Apostels (3); sein Testament (4)
- Bedeutung der Heiligen Schrift (3,16f)
- Bekenntnisformulierungen (1,9f; 2,11-13)
- Behauptung, die Auferstehung sei schon geschehen (2,18)

DER BRIEF AN TITUS (Tit)

Die Aufgabe für Titus in Kreta	1
Anweisungen für die Ordnung der Gemeinde	2–3
Persönliche Aufträge und Briefschluß	3

1 Erweitertes Präskript (1)
Aufgabe der Einsetzung von Presbytern/Ältesten und Anforderungen an sie (5)
Charakterisierung der Irrlehrer (10)
2 Pflicht zur Ermahnung der alten und jungen Männer und Frauen sowie der Sklaven (1)
Die rettende Gnade gilt allen Menschen und nimmt in Zucht (11)
3 Unterordnung unter die staatliche Gewalt (1)
Allen Menschen freundlich begegnen, weil Gott in seiner Freundlichkeit uns gerettet hat durch das »Bad der Wiedergeburt« (2)
Nutzen guter Werke, Nutzlosigkeit der Diskussion mit den Irrlehrern (8)
Persönliche Aufträge und Briefschluß (12)

Wichtiges in Kürze

Entstehung und theologisches Profil: s. 1. Timotheus
Merkstoff:
- »Es ist erschienen die heilsame/rettende Gnade« (2,11)
- Die Menschliebe Gottes (3,4)
- Die Taufe als »Bad der Wiedergeburt und Erneuerung durch den Heiligen Geist« (3,5)

DER BRIEF AN PHILEMON (Phlm)

Fürsprache des Apostels für den entlaufenen Sklaven Onesimus 1-25

Präskript [Mitabsender Timotheus; Adressaten Philemon und Hausgemeinde] (1)
Danksagung an Gott für Glauben und Liebe des Philemon;
Fürbitte (4)
Der gefangene Apostel bittet um der Liebe willen (8); er schickt den entlaufenen Sklaven zurück, der inzwischen zum Bruder geworden ist, und legt nahe, ihn dem Apostel als Helfer zu überlassen (12)
Paulus rechnet mit baldiger Entlassung aus dem Gefängnis (22)
Briefschluß, u.a. mit Grüßen des Mitgefangenen Epaphras (23)

Wichtiges in Kürze

Entstehung: Während einer Gefangenschaft des Paulus, vermutlich in Ephesus (vgl. Philipper)
Anlaß: Rücksendung des entlaufenen und von Paulus zum Christen bekehrten Sklaven Onesimus (vgl. Kol 4,9) und verhüllte Bitte um Überlassung an den Apostel

DER BRIEF AN DIE HEBRÄER (Hebr)

(Ab hier abweichende Reihenfolge in der Lutherbibel:
1./2. Petrus – 1.-3. Johannes – Hebräer – Jakobus – Judas)

A.	Die vom Sohn überbrachte Heilsbotschaft und das von Engeln überbrachte Gesetz	1–2
1	Der Sohn steht über den Engeln	
2	Der Sohn wurde den Menschen gleich	
B.	Die Verheißung der Ruhe Gottes an die Wüstengeneration und ihre Erneuerung durch Jesus	3–4
3	Jesus steht über Mose	
3–4	Die Ruhe Gottes als Heilsziel	
C.	Jesus als Hoherpriester, der für uns eintritt	4–10
4–5	Durch sein Menschgewordensein kann er mitfühlen	
6	Vorbereitende Einschaltung: Keine zweite Umkehr	
7	Priester nach der Ordnung Melchisedeks	
8–9	Einmaliger Opferdienst im himmlischen Heiligtum	
D.	Paränetische Folgerungen aus dem Hohepriestertum Jesu	10–13
10	Erinnerung an die Bewährung in der Anfangszeit	
11	Vorbilder des Glaubens aus der Schrift	
12–13	Dringliche Ermahnung	
E.	Brieflicher Abschluß	13

A. Die vom Sohn überbrachte Heilsbotschaft und das von Engeln überbrachte Gesetz (1–2)

1 Durch den Sohn hat Gott sein endgültiges Wort gesprochen (1)
Der Sohn steht hoch über den Engeln (2b)

2 *Paränetische Folgerung:* Sein Wort noch ernster nehmen als das von den Engeln überbrachte Gesetz (1)
Zeitweise Erniedrigung des Sohnes unter die Engel, um seinen Menschenbrüdern helfen zu können (5)

B. Die Verheißung der Ruhe Gottes an die Wüstengeneration und ihre Erneuerung durch Jesus (3,1–4,13)

3 Jesus steht hoch über Mose (1)
Paränetische Folgerung: Die von Jesus neu zugesprochene Verheißung der »Ruhe« nicht wie die Wüstengeneration durch Unglauben und Ungehorsam verspielen (7)
4 Gottes Ruhe steht noch offen (3b); sein Wort dringt als scharfes Schwert ins Innere und deckt es auf (12)

C. Jesus als Hoherpriester, der für uns eintritt (4,14–10,18)

5 Unser himmlischer Hoherpriester kann mit unserer Schwachheit mitfühlen, weil er selbst Mensch war und versucht wurde (4,14; 5,1)
6 *Vorbereitende paränetische Einschaltung:* Die Größe des Themas und die Abstumpfung der Adressaten (5,11); Unmöglichkeit der zweiten Umkehr (6,4); Festhalten an dem durch Gott doppelt beglaubigten Hoffnungsanker (6,9)
7 Jesu überlegene Stellung als »Priester in Ewigkeit nach der Ordnung Melchisedeks« (1)
8 Jesu Priesterdienst im himmlischen, nicht im irdischen Heiligtum (1), entsprechend der Überlegenheit des neuen Bundes über den alten (6)
9–10 Der Opferdienst des alten (9,1) und des neuen (9,11) Bundes, der durch das Blut Christi in Kraft gesetzt ist (9,15); dessen einmalig-endgültiges Opfer (9,23; 10,1)

D. Paränetische Folgerungen aus dem Hohepriestertum Jesu (10,19–13,17)

10 Festhalten an Glauben, Hoffnung, Liebe (19); Warnung (26) und Ermutigung zum Durchhalten: »Werft euer Vertrauen nicht weg« (32)
11 Vorbilder vertrauenden Glaubens aus der Schrift (1): die »Wolke der Zeugen« (12,1)
12 Der »Anfänger und Vollender des Glaubens« als Vorbild im Leiden (2); Gottes väterliche Zucht geduldig ertragen (4); die zu späte Reue Esaus (15)
Sinai und Zion/himmlisches Jerusalem: »Auch unser Gott ist ein verzehrendes Feuer« (18)
13 Einzelmahnungen (1)

E. Brieflicher Abschluß (13,18-25)

13 Aufruf zur Fürbitte, Segenswunsch, Grüße (18)

Wichtiges in Kürze

Entstehung: vor 97 n. Chr. (Anspielung im 1.Klemensbrief); Verfasser unbekannt, gebildeter Christ, vermutlich jüdischer Abstammung
Charakter: Lehr- und Mahnschreiben an bedrängte und von Ermüdung bedrohte Christen (nichtjüdischer Herkunft, keine »Hebräer«); Wechsel von lehrhaft-dogmatischen und paränetischen Partien: Lehre als Grundlage der Ermahnung
Theologisches Profil:

- Die Überlegenheit des »neuen Bundes« (8,7ff) begründet Gewißheit der Hoffnung (10,19-23) wie Ernst der Entscheidung (12,25ff)
- Aspekte der Überlegenheit des Neuen Bundes:
  1. Vermittelt nicht durch Engel, sondern den Sohn (1–2)
  2. Mose als Diener im Haus, Christus als Sohn über das Haus (3,1-6)
  3. Immer zu wiederholendes Opfer der sterblichen Hohenpriester im irdischen Heiligtum – einmaliges Opfer des ewig lebenden Hohenpriesters im himmlischen Heiligtum (8–9)
  4. Sinai und himmlisches Jerusalem (12,18ff)
- Erhöhung Christi und Eintreten für die Seinen bei Gott (vgl. Röm 8,34) als Darbringung des eigenen Opfers im himmlischen Heiligtum (4,14; 8,1f)
- Angesichts der sich verzögernden Parusie Aufforderung zum Aufblick zu dem Heil, das vollendet, aber noch unsichtbar (11,1) im Himmel bereitliegt (Ruhe 4,3-10; Stadt 11,14-16; 13,14), und zu dem »Anführer und Vollender des Glaubens« (12,2), der uns den Zugang dazu eröffnet hat (10,19f)
- Menschwerdung und Leidensprüfung des Sohnes als Vorbedingung für sein Verständnis der menschlichen Schwächen (4,15–5,9); der Sohn und seine Geschwister (2,10ff)

Problem: Bestreitung der Möglichkeit einer » zweiten Buße« (6,4-8; 12,15-17)
Merkstoff:

- Die Ruhe Gottes (3–4); »Heute, wenn ihr seine Stimme hört« (3)
- Jesus als Hoherpriester nach der Ordnung Melchisedeks (7), zum Mitfühlen befähigt (4,15; 5,7f); sein einmaliges Opfer (8–9)
- Keine zweite Buße/Umkehr (6,4-8)
- Wolke der Glaubenszeugen (11; 12,1)
- Wort Gottes als zweischneidiges Schwert (4,12); Hoffnung als Anker (6,19)
- »Wir haben hier keine bleibende Stadt« (13,14)

DIE KATHOLISCHEN BRIEFE

(»katholisch« = an die Gesamtkirche gerichtet)

DER BRIEF DES JAKOBUS (Jak)

1 Präskript (1)
Vom Verhalten in Versuchungen (2); Gott versucht niemand (13)
Vom Hören und Tun (19)
2 Das Verhalten gegenüber Glaubensbrüdern nicht von der gesellschaftlichen Stellung abhängig machen (1); das Liebesgebot als königliches »Gesetz der Freiheit« (8). Über Glauben und Werke (14)
3 Von der gefährlichen Macht der Zunge (1)
4 Gegen die Streitsucht (3,13; 4,1). Gegen eigenmächtiges Planen (13). »Wer Gutes tun kann und es unterläßt…« (17)
5 Gerichtswort über die hartherzigen Reichen (1). Geduldiges Warten auf die Wiederkunft des Herrn; das Beispiel Ijobs/Hiobs (7)
Gebet der Ältesten für Kranke und Krankensalbung (13)

Wichtiges in Kürze

Charakter: Weisheitliche Mahnschrift eines judenchristlichen Lehrers (3,1) an das Gottesvolk der Christen in der Diaspora der Welt (1,1)
Theologisches Profil:
- o Das Liebesgebot als das »königliche Gesetz der Freiheit« (1,25; 2,12; vgl. 2,8!)
- o Glaube ohne Werke ist tot (2,14ff)
- o Soziale Solidarität (2,1-9; 5,1-6)
- o Geduldiges Warten auf die nahe Parusie/Wiederkunft des Herrn (5,7-11)

Probleme:
- o Läßt sich das Buch von einer rein jüdischen Lehrschrift unterscheiden?
- o Polemik gegen die paulinische Rechtfertigungslehre (vgl. 2,21-23 mit Röm 4,1-22; Gal 3,6-9) oder gegen einen mißverstandenen Paulus?

Merkstoff:
- »Seid Täter des Worts« (1,22)
- Das Gesetz der Freiheit (2,12)
- Glaube ohne Werke ist tot (2)
- Die Zunge im Zaum halten (3)
- Conditio Jacobaea: »Wenn der Herr will und wir leben« (4,15)
- Krankensalbung (5,13-15)

DER 1. BRIEF DES PETRUS (1Petr)

A. Hoffnung ewigen Lebens für ein heiliges Volk 1–2
1 Wiedergeboren zu einer lebendigen Hoffnung und einem gottgemäßen Leben
2 Christus, der lebendige Stein, und die Seinen als Priesterschaft

B. Vorbildliches Verhalten in der Welt, auch im Leiden 2–4
2 Christus als Vorbild geduldigen Leidens
3 Böses nicht mit Bösem vergelten

C. Bewährung in der Verfolgung 4–5
4 Freude im Leiden mit Christus
5 Wachsamkeit gegenüber dem Teufel

A. Hoffnung ewigen Lebens für ein heiliges Volk (1,1–2,10)

1 Präskript (1)
Proömium als Eulogie: Hoffnung auf das Himmelserbe des ewigen Lebens aufgrund der Wiedergeburt in der Taufe (3); Freude inmitten der Glaubensprüfungen (6). Bezeugung dieses Heils durch Propheten und Apostel (10)
Leben als heiliges Volk Gottes, freigekauft durch das Blut Christi und wiedergeboren durch das Wort Gottes (13)
2 Christus als der lebendige Stein und Stein des Anstoßes; die Christen als heiliges Priestervolk (4)

B. Vorbildliches Verhalten in der Welt, auch im Leiden (2,1–4,11)

2 Widerlegung von Verleumdungen durch vorbildlichen Wandel unter den Heiden (11); Respektierung der staatlichen Ordnungen (13)
Mahnung an die Sklaven (18); Christus als Vorbild schuldlosen Leidens (21)
3 Mahnung an die Frauen: Unterordnung unter die Männer, ungläubige durch die Lebensführung ohne Wort gewinnen; keine Putzsucht (1)
Mahnung an die Männer: Das schwächere Geschlecht ehren als Miterbinnen des ewigen Lebens (7)
Verhalten der Christen in der Gemeinde und in der feindlichen Umwelt: Eintracht und Liebe – Böses nicht mit Bösem vergelten (8); Rechenschaft ablegen von der Hoffnung (15b)
Christus predigte sogar den gefangenen Geistern in der Totenwelt (19) und den Toten überhaupt (4,6)
Rettung in Noachs Arche als Hinweis auf das rettende Taufwasser (20)

4 Durch Leiden den Begierden absterben; Trennung vom Treiben der Heiden – deren Befremden darüber; Christus als der kommende Richter (3)
Mahnungen im Blick auf die Nähe des Endes (7); einander dienen mit den empfangenen Gnadengaben (10)

C. Bewährung in der Verfolgung (4,12–5,14)

4 Im Feuersturm der Erprobung: Freude, mit Christus das Leiden und die Herrlichkeit zu teilen (12)
Das Gericht beginnt beim Haus Gottes (17)
5 Mahnung an die Ältesten der Gemeinden und an die Jüngeren (1)
Beugung unter Gottes Hand; die Sorgen auf ihn werfen; dem Teufel widerstehen (6)
Briefschluß: Silvanus als Diktatempfänger oder Mitverfasser; Grüße aus Babylon = Rom (12)

Wichtiges in Kürze

Entstehung: Wenn Petrus durch den Paulusbegleiter Silvanus schreibt (5,12), dann deutet das darauf hin, daß der Brief im Geist der beiden Apostel als ihr Vermächtnis abgefaßt ist. Die Erwähnung von Verfolgungen (4,12-14) erlaubt keine sichere Datierung (zwischen 70 und 100 n.Chr.)
Theologisches Profil:
- Fremdlingschaft der Christen in der Welt (1,1.17; 2,11), in gewisser Hoffnung auf das himmlische Ziel (1,3-5.13)
- Bereitschaft zum Leiden nach Christi Vorbild (2,18ff; 3,9ff; 4,12ff) und zur Bezeugung der christlichen Hoffnung im Wort (3,15f) und mit der Tat (3,1-6)

Merkstoff:
- Wiedergeboren zu einer lebendigen Hoffnung (1,3) durch das Wort Gottes (1,23)
- Heiliges Volk und Priesterschaft aller Gläubigen (2,5.9)
- Böses nicht mit Bösem vergelten (3,9ff)
- »Höllenfahrt« Christi und Predigt vor den gefangenen Geistern und Verstorbenen (3,19; 4,6)
- »Der Teufel geht umher wie ein brüllender Löwe« (5,8)
- Bekenntnis- und Liedfragmente (1,18-21; 2,21-25; 3,18-22)

DER 2. BRIEF DES PETRUS (2 Petr)

Der Grund der christlichen Hoffnung	1
Entlarvung der Irrlehrer, die die Wiederkunft des Herrn (Parusie) leugnen	2–3

1 Präskript (1)
Das Hoffnungsziel der verheißenen Unsterblichkeit ruft zur sittlichen Vervollkommnung auf (3)
Der Apostel spricht sein Vermächtnis aus (12)
Die Hoffnung auf die Wiederkunft Christi ist gegründet auf die Offenbarung seiner Herrlichkeit bei der Verklärung auf dem Berg und auf die Weissagungen der Propheten (16)
2 Ankündigung des Auftretens von Irrlehrern (1), die wie Sodom usw. dem Gericht Gottes verfallen werden (4); Beschreibung ihres zügellosen Lebenswandels [vgl. Judasbrief] (10)
3 Spott der Irrlehrer über das Ausbleiben der Wiederkunft Christi/ Parusie (1); Hinweis auf den ersten Weltuntergang in der Sintflut (5) und auf das göttliche Zeitmaß (8)
Warten auf neuen Himmel und neue Erde ohne Ungerechtigkeit (11)
Der Herr verzögert sein Kommen nur, um Zeit zur Besserung zu geben (14)
Warnung vor falscher Auslegung der Paulusbriefe (15b), Schlußmahnung und Lobpreis (17)

Wichtiges in Kürze

Entstehung: Die unbefangene Verwendung hellenistischer Tugendbegriffe und die Rede vom »Anteilgeben an der göttlichen Natur« (1,3-7) sprechen für einen heidenchristlichen Verfasser; das Thema der Parusieverzögerung (3,3f) weist in die Spätzeit, ebenso die Abhängigkeit in Kap 3 vom Judasbrief (s. S. 192). Der Brief ist als Vermächtnis des Apostels Petrus gestaltet (1,16-18; 3,14-16)
Frontstellung: Gegen gnostische Irrlehrer, die in Anlehnung an Jud 4-19 gezeichnet werden; 2,19 präzisiert ihr Freiheitsverständnis; zu 3,3f vgl. 2Tim 2,18.
Merkstoff:
- Der Apostel als Zeuge der Verklärung Jesu (1,16-18)
- Parusieverzögerung (3)
- Neuer Himmel und neue Erde (3,13)
- Vor Gott sind tausend Jahre wie ein Tag (3,8)

DER 1. BRIEF DES JOHANNES (1Joh)

A.	Gottesgemeinschaft und Liebe zu den Glaubensgeschwistern	1–2
1–2	Leben im Licht, Sündenbekenntnis und neues Gebot	
B.	Die Stunde der Verführung	2–3
2	Die letzte Stunde: viele »Antichriste«	
3	Wer sündigt, ist vom Teufel; aber Gott ist größer als unser anklagendes Herz	
C.	Das Bekenntnis des Glaubens und die Liebe	4–5
4	Kennzeichen des wahren Geistes Gottes Liebe zu uns – unsere Liebe zu den Glaubensgeschwistern	
5	Wer aus Gott geboren ist, überwindet die Welt	

A. Gottesgemeinschaft und Liebe zu den Glaubensgeschwistern (1,1–2,17)

1 Proömium: Das fleischgewordene Wort des Lebens (1)
Gemeinschaft mit Gott bedeutet: Im Licht wandeln, wie Gott Licht ist (5) – aber nicht Sündlosigkeit beanspruchen, sondern sich durch das Blut Jesu von Sünden reinigen lassen (8; 2,1)
2 Nach dem neuen Gebot Jesu, dem Liebesgebot, leben (3) und der Lust der vergehenden Welt absagen (15)

B. Die Stunde der Verführung (2,18–3,24)

2 Die letzte Stunde ist angebrochen: Viele »Antichriste« sind aufgetreten (18); sie leugnen, daß der Christus in Jesus Mensch geworden ist (22)
3 Wir sind als Gotteskinder noch nicht am Ziel (1); wer sündigt, ist vom Teufel (7); wer die Glaubensgeschwister nicht liebt, bleibt im Tod (13)
Gott ist aber auch größer als unser anklagendes Herz/Gewissen (18)

C. Das Bekenntnis des Glaubens und die Liebe (4–5)

4 Prüfung der Geister und Scheidung von den falschen Propheten [deren Kennzeichnung wie 2,22] (1)
Die Liebe zu den Glaubensgeschwistern als Kennzeichen der Gottzugehörigen; Gottes zuvorkommende Liebe in der Sendung des Sohnes (7)

5 Gottes Gebot ist nicht schwer; denn wer aus Gott geboren ist, überwindet die Welt (1)
Die Bedingung dafür: der Glaube an Jesus als Christus [im Sinn von 2,22; 4,2f], gekommen in Wasser und Blut, d.h. Taufe und Kreuzestod (6)
Wer den Sohn Gottes hat, hat das Leben (10)
Briefschluß (13) und Nachschrift (14); u.a. über die »Sünde zum Tode« (16)

Wichtiges in Kürze

Entstehung: Im »johanneischen Kreis«, aus dem das Johannesevangelium stammt, gegen Ende des 1. Jh. n. Chr.
Theologisches Profil:
- o Sündenvergebung durch Christi Blut und geschwisterliche Liebe in der Gemeinde sind unlösbar miteinander verbunden (1,5–2,11; 4,7-21)
- o Die Gegner (2,18ff), Gnostiker, die Christi echte Menschwerdung (4,2f) und seinen Tod am Kreuz (5,6) leugnen, versäumen in ihrer Verachtung des Irdischen und Leiblichen auch die konkrete (3,18!) Liebe zu den Glaubensgeschwistern (2,3-11; 3,7-18)

Merkstoff:
- Gott ist Licht (1,5-7); Gott ist Liebe (4,8)
- Die Irrlehrer als »Antichriste« (2,18ff; 4,1ff)
- Gottesliebe und Liebe zu den Glaubensgeschwistern (4,7ff)
- Der Glaube als Sieg über die Welt (5,4f)

DER 2. UND 3. BRIEF DES JOHANNES (2 Joh; 3 Joh)

Erinnerung an das Liebesgebot und Warnung vor Irrlehrern (= dem Antichrist)	2 Joh 1-13
Lob für Unterstützung der Wanderprediger und Empfehlung für Demetrius	3 Joh 1-15

Wichtiges in Kürze

Entstehung: Vermutlich etwas später als 1. Johannes; Adressaten: eine Gemeinde (»Herrin« 2Joh 1) und eine Einzelperson (3Joh 1)
Theologisches Profil:
- o 2. Johannes wie 1. Johannes (Charakterisierung der Irrlehre wie in 1Joh 4,2f); Betonung der »Lehre über Christus« (9) erinnert an Pastoralbriefe
- o 3. Johannes spiegelt innerkirchliche Spannungen, die ein Mißtrauen gegenüber dem johanneischen Christentum erkennen lassen (9f); Empfehlung für den Abgesandten des Verfassers (12)

DER BRIEF DES JUDAS (Jud)

Kampf für den überlieferten Glauben, Warnung vor Irrlehrern 1-25

Präskript (1)
Briefanlaß: Verteidigung des überlieferten Glaubens gegen eingeschlichene Irrlehrer; deren zügelloses Leben (3)
Drei alttestamentliche Beispiele für das Gottesgericht an Ungehorsam und Unzucht (5)
[Gnostische] Verachtung des Schöpfergottes und seiner Engel (8)
Schandflecken sind die Irrlehrer beim Liebesmahl [Agape] der Gemeinde (11)
Ankündigung des Gottesgerichts mit einem Wort Henochs [aus dem apokryphen Henochbuch] (14)
Erinnerung an die Voraussagen der Apostel (17); Gründung der Gemeinde auf den »allerheiligsten Glauben«; Verhalten zu den Verführten (20)
Abschließender Lobpreis (24)

Wichtiges in Kürze

Entstehung: Ende 1. Jh. n. Chr. in Kreisen eines hellenistischen Judenchristentums (Zitat des apokryphen Henochbuchs in 14f)
Theologisches Profil:
- o Bewahrung des überlieferten Glaubens [= Glaubenslehre; 3] gegen gnostische Irrlehrer
- o Charakterisierung der Irrlehrer durch ihren Lebenswandel (4.8.11 usw.); ihre Anschauungen: Die Mißachtung des Schöpfergottes (»Herrschaft«; 8) und der Engel als der Garanten des Gesetzes (8-10; vgl. Hebr 2,2) deutet auf Mißachtung der Gebote aus christlicher »Freiheit« (vgl. »Alles ist erlaubt« 1Kor 6,12); in 19 wird ihr Anspruch als »Pneumatiker« bestritten: Sie sind nur »Psychiker« (Luther »niedrig Gesinnte«)

Merkstoff:
- Erwähnung der »Agapen« (12)
- Zitat aus dem Henochbuch (14f)

PROPHETISCHES BUCH

DIE OFFENBARUNG DES JOHANNES (Offb)

A.	Der Auftrag an Johannes	1
1	Vision: Der Menschensohn inmitten der 7 Leuchter	
B.	Die 7 Sendschreiben	2–3
C.	Die 7 Siegel	4–7
4–5	Der himmlische Thronsaal und das Lamm Das Buch mit den 7 Siegeln	
6	Die Öffnung der Siegel	
7	Die 144 000 Versiegelten	
D.	Die 7 Posaunen	8–11
8–9	Das Blasen der Posaunen	
10	Der Engel mit dem Büchlein	
11	Die beiden Zeugen	
E.	Der Drachensturz und das Nahen des Gerichts	12–14
12	Die Frau und der Drache; Drachensturz durch Michael	
13	Die beiden Tiere	
14	Die Erde ist reif für die Ernte	
F.	Die 7 Schalen und der Untergang Babylons	15–18
15–16	Ausgießen der Zornschalen	
17–18	Die große Hure Babylon	
G.	Tausendjähriges Reich und neue Schöpfung	19–22
19	Hochzeit des Lammes	
20	Endgericht nach tausend Jahren	
21–22	Himmliches Jerusalem	

A. Der Auftrag an Johannes (Kap 1)

1 Ursprung und Inhalt der Offenbarung, Johannes als ihr Empfänger (1)
Brieflicher Rahmen/Präskript: Johannes an die 7 Gemeinden (4)
Bericht über die Beauftragungsvision auf Patmos (9)

B. Die 7 Sendschreiben (2–3)

2 *1. Ephesus:* »Du hast die erste Liebe verlassen«; positiv: Abgrenzung von den Nikolaiten (1)
2. Smyrna: Ermutigung: »Sei getreu bis in den Tod« (8)
3. Pergamon: Glaubenstreue am »Thron des Satans«, aber Duldung von Nikolaiten (12)
4. Thyatira: Duldung der Prophetin Isebel (18)
3 *5. Sardes:* »Du stehst im Ruf zu leben, aber bist tot« (1)
6. Philadelphia: »Ich habe dir eine Tür aufgetan« (7)
7. Laodizea: Weder kalt noch warm; »Ich stehe vor der Tür und klopfe an« (14)

C. Die 7 Siegel (4–7)

4 Der himmlische Thronsaal; Lobpreis der vier Thronwächter und 24 Ältesten (1)
5 Das Buch [Rolle] mit den 7 Siegeln; nur das Lamm kann sie öffnen; Lobpreis des Lammes (1)
6 *1.–4. Siegel:* Die vier apokalyptischen Reiter (1)
5. Siegel: Ruf der Märtyrerseelen nach Vergeltung (9)
6. Siegel: Vorzeichen des Gerichtstags (12)
7 Schutz des Gottesvolkes, der 12 × 12 000, durch das Siegel Gottes (1)
Prophetische Vision: Die unzählbare Schar der in der letzten Drangsal Bewährten preist den Sieg Gottes und des Lammes (9); ihr Gottesdienst und ihre Seligkeit [vgl. 21,3f] (14)

D. Die 7 Posaunen (8–1)

8 *7. Siegel:* Eröffnung der Posaunenreihe (1)
Engel mit Räucherpfanne: Gott hört die Gebete der Seinen (3)
1.–4. Posaune: Ein Drittel der Natur vernichtet (6)
9 *5. Posaune:* Heuschrecken mit Skorpionenstacheln quälen die Menschen (1)
6. Posaune: Ein Drittel der Menschen vernichtet (13)
10 Der Engel mit dem Büchlein: Die Zeit ist abgelaufen (1)
Das Geschehen um die beiden Zeugen in der Heiligen Stadt (1)
7. Posaune: Stimmen im Himmel preisen den Sieg Gottes (15)

E. Der Drachensturz und das Nahen des Gerichts (12–14)

12 Die Frau im Himmelsgewand: das Gottesvolk, aus dem der Messias geboren wird; der verfolgende Drache (1)
Michael stürzt den Drachen auf die Erde: Sieg im Himmel, Bedrängnis auf der Erde (7)
13 Der Drache gibt seine Macht dem Tier mit den sieben Hörnern und zehn Kronen (1); das zweite Tier als Prophet des von tödlicher Wunde genesenen ersten, dessen Bild angebetet werden muß; das Malzeichen des Tieres: die Zahl 666 (11)
14 Das neue Lied der 144 000 Unbefleckten (1)
Drei Engelsbotschaften: Ewiges Evangelium usw. (6)
Das Gericht als Ernte und Weinlese (14)

F. Die 7 Schalen und der Untergang Babylons (15–18)

15 Das Lied der Überwinder (1)
Die 7 Schalen, gefüllt mit dem Zorn Gottes (5)
16 Ausgießen der Zornschalen: die 7 letzten Katastrophen (1)
1.–5. Schale: Plagen über die gottfeindliche Menschheit (2)
6. Schale: Sammlung zur endzeitlichen Entscheidungsschlacht bei Harmagedon (12)
7. Schale: Das Gericht über Babylon: »Es ist geschehen!« (17)
17 Die Hure Babylon [Rom] auf dem siebenköpfigen Tier (1); das Bild des Tieres gedeutet (7)
18 Ankündigung von Babylons Untergang (1); Schilderung der Klage darüber auf der ganzen Erde (9)

G. Tausendjähriges Reich und neue Schöpfung (19–22)

19 Jubel im Himmel über den Untergang Babylons (1)
Gott hat die Herrschaft übernommen; die Hochzeit des Lammes steht bevor (6)
Der Reiter auf dem weißen Pferd und die Entscheidungsschlacht (11); Gericht über das Tier und seinen Propheten (19)
20 Fesselung des Teufels und Tausendjähriges Reich Christi (1); nach Freilassung des Teufels letzte Schlacht gegen Gog und Magog; deren Vernichtung und Gericht über den Teufel (7)
Endgericht über alle Toten und Vernichtung des Todes (11)
21 Neuer Himmel und neue Erde, Wohnung Gottes bei den Menschen, Ende aller Tränen: »Siehe, ich mache alles neu!« (1)
Die Braut des Lammes, das neue Jerusalem (9)
22 Der Strom des Lebenswassers, gesäumt von Lebensbäumen (1)
Gottes Knechte werden ihn sehen und ihm dienen (3)
Brieflicher Rahmen: Abschluß und Beglaubigung des Buches; Christus: »Ich komme bald« (6)

Wichtiges in Kürze

Entstehung: Auf der ägäischen Insel Patmos durch den »Propheten« (nicht Apostel; vgl. 18,20; 21,14) Johannes als Großbrief an die sieben Gemeinden (1,4), in der Zeit der domitianischen Verfolgung Ende 1. Jh. n. Chr.

Theologisches Profil:

- Ermutigung zum treuen Ausharren in der Verfolgung (2–3; 22,10ff) im Ausblick auf den Sieg Gottes (19,1ff) und den herrlichen Lohn (»Überwindersprüche« 2,7.11.17 usw.; 7,13ff; 14,1ff; 19,9; 20–22)
- Vorbereitung auf die apokalyptischen Schrecken, in denen sich das Gericht Gottes über die gottfeindliche Menschheit vollzieht (6–18)
- Vorbereitung auf die Prüfung der Gemeinde Jesu durch das »Tier aus dem Abgrund« (11,7; 13), das durch seine Zahl 666 bezeichnet wird (13,18)

Merkstoff:

- Das Buch mit den 7 Siegeln (5) und die apokalyptischen Reiter (6)
- Die 144 000 Versiegelten (7)
- Michael und der Drache (12)
- Die Zahl 666 (13,18) und die Hure Babylon (17)
- Tausendjähriges Reich (20)
- Neuer Himmel und neue Erde, neues Jerusalem (21)
- »Gott wird abwischen alle Tränen« (7,17; 21,4)

ANHANG

ABWEICHUNGEN IN DER KAPITEL- UND VERSZÄHLUNG ZWISCHEN DER LUTHERBIBEL UND ANDEREN BIBELAUSGABEN IM BEREICH DER APOKRYPHEN

(= Deuterokanonische Schriften / Spätschriften des Alten Testaments)

Zur Reihenfolge der Schriften s. o. S. 115.

Lu = Lutherbibel in allen revidierten Ausgaben seit 1912

In der Spalte »Übrige« werden zusammengefaßt:
G = Griechischer Text der Septuaginta (soweit erschienen nach der Göttinger Ausgabe, sonst Rahlfs)
EÜ = Einheitsübersetzung
GN = Gute Nachricht
Zü = Zürcher Bibel (geringfügige Abweichungen gegenüber den anderen Ausgaben werden nicht nachgewiesen)

Verzeichnet werden nur die Fälle von Abweichungen. Partien, in denen nur Abweichnungen um Halbverse vorkommen (Typ 12a = 12; 12b = 13a; 13 = 13b), werden nicht berücksichtigt.

Der Bindestrich (–) zwischen Ziffern wird verwendet bei parallelen Versgruppen; alleinstehend bedeutet er »entfällt«.
Der Schrägstrich (/) zeigt Überschneidungen der Verse an, wie in dem soeben angeführten Beispiel für Halbverse. Die Angabe 2/4 bezeichnet hier nicht 2 + 4, sondern 2 + 3 + 4.

Beispiele:

2–4	3–5	bedeutet	2	3
			3	4
			4	5
11/12	11/13	bedeutet	11+12	11+12+13

Tobit/Tobias

	Übrige	*Lu*
1	–	10
	10/11	11/12
	12/13	13
	–	14/15
	14	16/17
	15	18
	16–22	19–25
2	1/2	1
	3–5	2–4
	6	5/6
	7–8	7–8
	–	9
	9–10	10–11
	–	12–18
	11–14	19–22
	–	23
3	8a	8
	8b/9	9/11
	10	12
	11	13/14
	12–14	15–17
	15	–
	–	18–23
	16–17	24–25
4	4	4/5
	5	6
	6	–
	7	7
	–	8
	8–21	9–22
5	3	3/4
	4	5/6a
	5	6b/8
	6–7	9–10
	8	–
	9	11
	10	12a

	Übrige	*Lu*
	(10 GN	12–16)
	11–13	17–19
	14	20/21
	15–16	–
	–	22
	17	23/24
	18–21	25–28
	22/23	29
6	–	3
	3	4/5
	4	6
	5/6	7
	7–15	8–16
	16	–
	–	17–19
	17	20
	–	21–23
	18–19	–
7	3	3/4
	4–8	5–9
	9–10	–
	–	10
	11	11
	–	12–14
	12	–
	13	15
	14	16/17
	15–17	18–20
8	4	–
	–	4–6
	5–8	7–10
	9	–
	10	11/12
	11–14	13–16
	15/16	17
	17–18	18–19
	19	20/21
	20–21	22–23

	Übrige	*Lu*
9	–	2
	2	3
	3	–
	4	4
	–	5
	5	6
	6	7
	(6 GN	8–12)
10	5	5/6
	6–7	7–8
	8	–
	9	9/10
	10–12	11–13
	13–14	–
11	4	4/5
	5/6	6
	7–8	7–8
	–	9
	9	(11)
	10	10
	(9)	11
	–	12
	11	13
	12/13	14/15
	14	16/17
	15	–
	16	(18)
	17	–
	18/19	19/20
12	2	(2)
	3	3/4
	(2)	5
	4	–
	5–7	6–8
	8/9	9
	10–12	10–12
	13	–
	–	13

	Übrige	Lu
	14	14
13	3/4	3
	5	4
	6	–
	7	5
	8	6/7
	9	8
	–	9
	10–11	10–11

	Übrige	Lu
	12	–
	–	12
	13	13/14
	14	15
	15	16/17
	16	–
	–	18–19
	17/18	20/22a

	Übrige	Lu
14	1	13,22b
	–	1–2
	2	3/4
	3–7	5–9
	–	10–11
	8/9	12/13
	10–11	–
	12–14	14–16
	15	–
	–	17

Judit

1	1–2	1–2
	3	3/4
	4	5
	5/6	6
	7–8	7–8
	9/10	9
	11–12	10–11
	13–16	–
2	1	1
	2	2/3
	3/4	4
	5–6	5–6
	7–13	–
	14/16	7
	17	8
	18	9/10
	19/20	11
	21/22	12
	23	13
	24–28	14–18
3	1	1
	–	2
	2–4	3–5
	5	–
	6	6/7
	7	8
	8	9/11

	9	–
	10	(12)
4	1–2	1–2
	3	–
	4–5	3–4
	6/7	5
	8–9	6–7
	10/12	8/9
	13	–
	–	10–13
	14	14
	15	–
5	1/2	1
	3/4	2
	5	3/4
	6–7	5–6
	8/9	7
	10	8
	11/12	9
	13	10/11
	–	12–17
	14–15	–
	16–24	18–26
6	3–5	–
	6	3
	7–8	–

	9	4
	–	5
	10	6
	11/12	7
	13–15	8–10
	16/17	11/12
	18–20	13–15
	–	16–17
	21	18
7	–	4
	4	–
	5	5
	6–7	–
	–	6–7
	8	8
	9	–
	10	9
	11	–
	12/13	10
	14–15	–
	16	11
	17–19	–
	20/21	12
	22	–
	23/24	13
	25–29	14–18
	–	19–20
	30	21/23

	Übrige	Lu
	31	24
	32	–
8	5/7	5/6
	8	7
	9/10	8
	11–13	9–11
	–	12
	14–15	–
	16	(13)
	17	14
	18/19	15
	20	16
	21–24	–
	–	17
	25	18
	26	19/20
	–	21
	27	(22)
	28	23
	29–30	–
	31	24
	–	25
	32	–
	33–34	26–27
	35/36	28
9	3/4	–
	5–6	3–4
	–	5–7
	7–8	8–9
	9/10	10
	–	11–12
	11–12	13–14
	13/14	15
10	3/4	3/4
	–	5
	5–8	6–9
	–	10

	Übrige	Lu
	9/10	11
	11/12	12/13
	13–17	14–18
	18	–
	–	19
	19	20
	20	–
	21/23	21
11	4	–
	5/6	4
	7–11	5–9
	12/13	10/11
	14–15	–
	16	12
	17/19	13/14
	20–21	15–16
	22/23	17
12	7	7/8
	8–9	9–10
	10/11	11
	12–13	12–13
	14	14/15
	15–20	16–21
13	1/2	1/3
	3	4
	4	5/6
	5	–
	6	7
	7/9	8/9
	10	10/11
	11–12	12–13
	13	14/15
	–	16
	14	17
	15	18/19
	16	20
	–	21

	Übrige	Lu
	17	22
	18/19	23/24
	–	25
	(14,5/7)	26/31
14	1/2	1/2
	3	3/4
	4	5
	5/7	(13,26/31)
	8–9	–
	10–11	6–7
	–	8–9
	12/13	10/11
	14	12
	15/16	13
	17/18	14
	19	15/16
15	1/3	1/4
	–	5
	4–8	6–10
	9/10	11/13
	11	14/15
	12/14	16
16	1	1/2
	2	3/4
	3–6	5–8
	7–8	9/10
	9–12	11–14
	13	15/16
	14	17
	15/16	18/19
	17	20/21
	18–20	22–24
	21	25/26
	22–25	27–30
	–	31

Ester

Zusätze zur griechischen Übersetzung des hebräischen Esterbuchs.
Abkürzungen s. S. 197.
G wie GN zählen die Zusätze des griechischen Esterbuchs als A, B, C usw.; EÜ behält die letzte Versziffer des hebräischen Textes und zählt mit a, b, c usw. weiter (1a, 1b, 1c). Luther numeriert die Zusätze (»Stücke«) in 6 Kapiteln von 1 bis 6 (mit Umstellung von Kap 6).
Außer in der Spalte EÜ bezeichnen die Buchstaben a, b, c Unterteilungen um der Vergleichbarkeit willen, die in der Zählung der betreffenden Bibelausgaben nicht auftauchen.

G	*EÜ*	*GN*	*Lu*
A,1	1a	A,1	6,1a
A,2	1b	A,2	6,1b
A,3	1c	A,3	6,2a
A,4a	1d	A,4a	6,2b
A,4b	″	A,4b	6,3a
A,5	1e	A,5	6,3b
A,6	1f	A,6	6,4
A,7	1g	A,7	6,5
A,8	1h	A,8	6,6
A,9a	″	A,9a	6,7a
A,9b	1i	A,9b	6,7b
A,10	1k	A,10	6,8
A,11	1l	A,11	6,9
A,12–16	1m–q	A,12–16	–
A,17	1r	A,17	–
B,1a	3,13a	B,1a	1,1a
B,1b	″	B,1b	1,1b
B,2	3,13b	B,2	1,2
B,3	3,13c	B,3	1,3a
B,4	3,13d	B,4	1,3b
B,5	3,13e	B,5	1,4a
B,6	3,13f	B,6	1,4b
B,7	3,13g	B,7	1,4c
C,1	4,17a	C,1a	2,1a
C,2a	–	C,1b	2,1b
C,2b	4,17b	C,2	2,1c
C,3	4,17c	C,3	2,2
C,4	″	C,4	2,3
C,5	4,17d	C,5	2,4a
C6	″	C,6	2,4b
C,7	4,17e	C,7	2,4c
C,8–11	4,17f–i	C,8–11	2,5–8
C,12	4,17k	C,12	3,1
C,13	″	C,13	3,2
C,14a	″	C,14a	3,3
C,14b	4,17l	C,14b	3,4a
C,15	″	C,15	3,4b
C,16	4,17m	C,16	3,5
C,17	4,17n	C,17	3,6a
C,18	″	C,18	3,6b
C,19	4,17o	C,19	3,7a
C,20	″	C,20	3,7b
C,21	4,17p	C,21	3,7c
C,22	4,17q	C,22	3,8
C,23	4,17r	C,23	3,9a
C,24	4,17s	C,24	3,9b
C,25a	4,17t	C,25a	3,10a
C,25b	4,17u	C,25b	3,10b
C,26	″	C,26	3,11a
C,27a	4,17v	C,27a	3,11b
C,27b	4,17w	C,27b	3,11c
C,28	4,17x	C,28	3,11d
C,29a	4,17y	C,29a	3,11e
C,29b	″	C,29b	3,12a
C,30	4,17z	C,30	3,12b
D,1	5,1	D,1	4,1
D,2	5,1a	D,2	4,2a
D,3	″	D,3	4,2b

G	*EÜ*	*GN*	*Lu*	*G*	*EÜ*	*GN*	*Lu*
D,4	″	D,4	4,2c	E,11	8,12l	E,11	5,8b
D,5–7	5,1b–d	D,5–7	4,3–5	E,12	8,12m	E,12	5,8c
D,8a	5,1e	D,8	4,6a	E,13	8,12n	E,13	5,9a
D,8b	″	D,9a	4,6b	E,14	8,12o	E,14	5,9b
D,9a	″	D,9b	4,6c	E,15	8,12p	E,15	5,10a
D,9b	5,1f	D,9c	4,6d	E,16	8,12q	E,16	5,10b
D,10	″	D,10	4,6e	E,17	8,12r	E,17	5,11
D,11	″	D,11	4,7	E,18	″	E,18	5,12
D,12	5,2	D,12	4,8	E,19	8,12s	E,19	5,13
D,13	5,2a	D,13	4,9	E,20	″	E,20	5,14a
D,14	″	D,14	4,10	E,21	8,12t	E,21	5,14b
D,15	5,2b	D,15	4,11	E,22	8,12u	E,22	5,15a
D,16	″	D,16	4,12	E,23a	″	E,23a	5,15b
				E,23b	″	E,23b	5,15c
E,1a	8,12a	E,1a	–	E,24	8,12x	E,24	5,16
E,1b	8,12b	E,1b	5,1				
E,2	8,12c	E,2	5,2a	F,1–5	10,3a–e	F,1–5	7,1–5
E,3	″	E,3	5,2b	F,6	10,3f	F,6	7,6a
E,4	8,12d	E,4	5,3	F,7	10,3g	F,7	7,6b
E,5	8,12e	E,5	5,4a	F,8	10,3h	F,8	7,6c
E,6	8,12f	E,6	5,4b	F,9	10,3i	F,9	7,6d
E,7–9	8,12g–i	E,7–9	5,5–7	F,10	10,3k	F,10	7,7
E,10	8,12k	E,10	5,8a	F,11	10,3l	F,11	7,8

1. Makkabäer

	Übrige	*Lu*
1	4	4/5
	5–19	6–20
	20	21/22
	21/22	23
	23/24	24/25
	25	26
	26/27	27/28
	28–29	29–30
	30	31/32
	31–44	33–46
	45	47/48
	46–47	49–50
	48/49	51
	50	52
	51	53/54
	52/53	55/56
	54–62	57–65
	63	66/67
	64	68
5	47	47/48
	48	49/50
	49/50	51
	51/52	52

2. Makkabäer

2	18	18/19
	19–32	20–33
12	45	45/46
15	36	36/37
	37–39	38–40

Weisheit

2	24	24/25
5	13	13/14
	14–22	15–23
	23	24/6,1
6	1–16	2–17
	17/18	18/19
	19–20	20–21
	21	22/23
	22–25	24–27
9	18	18/19
17	20/21	20
19	13/14	13
	15/16	14/15
	17–22	16–21

Sirach

1	–	14–15
	14	16
	15	–
	–	17–19
	16–17	20–21
	18	22/23
	19–23	24–28
	24	29/30
	25–29	31–35
	30	36/38
2	10	10/12
	11–13	13–15
	14	16/17
	15	18
	16	19/20
	17	21
	18	22/23
3	1	1/2
	2–7	3–8
	8	9/10
	9–18	11–20
	19	–
	20–22	21–23
	23	24/25
	24–28	26–30
	29	31/32
	30–31	33–34
5	6	6/7
	7	8/9
	8–13	10–15
	14	16/17
	15	18
6	19	19/20
	20–33	21–34
	34/35	35
7	10	10/11
	11–15	12–16
	16	17/18
	17–28	19–30
	29/30	31

	Übrige	*Lu*
	31	32/35
	32–36	36–40
8	2	2/3
	3–7	4–8
	8	9/10
	9	11/12
	10–19	13–22
9	8	8/10
	9	11/13
	10	14/15
	11–12	16–17
	13	18/20
	14–18	21–25
10	9	9/10
	10	11/12
	11–12	13–14
	13	15/16
	14–18	17–21
	–	22
	19–20	23–24
	21	–
	22–31	25–34
11	15–16	–
	17	15/16
	18	17/18
	19	19
	20/21	20/22
	22–34	23–35
12	7	–
	8–9	7–8
	10	9/10
	11–12	11–12
	13/14	13
	15	14
	16	15/16
	17	17/18
	18	19

	Übrige	*Lu*
13	2	2/3
	3–6	4–7
	7	8/9
	8	10/11
	9–11	12–14
	12	15/16
	13	17/18
	14	–
	15–21	19–25
	22	26/27
	23	28/29
	24–26	30–32
14	16	16/17
	17–18	18–19
	19	20/21
	20	22
	21/22	23
	23	24
	24/25	25
15	18	18/19
	19–20	20–21
16	1/2	1
	3	2/4
	4–9	5–10
	10/12	11/12
	13–14	13–14
	15–16	–
	17	15/16
	18–19	17–18
	20/22	19/21
	23–25	22–24
	26	25/26
17	1	1/2
	2/3	3
	4	4
	5	–
	6–7	5–6
	8/10	7/8
	11–15	9–13

	Übrige	*Lu*
	16	–
	17	14/15
	18	–
	19–20	16–17
	21	–
	22–24	18–20
	25	21/22
	26	23/24
	27/28	25/27
	29–32	28–31
18	2a	2a
	2b/3	–
	4	2b
	5	3/4
	6–8	5–7
	9/10	8
	11	9
	12	10/11
	13	12/13
	19	19/20
	20	21
	21/22	22
19	5/6	5
	7	6
	8	7/8
	18–19	–
	20	18
	21	–
	22–30	19–27
20	15	15/16
	16	17/18
	17	19
	18–31	20–33
21	2	2/3
	3–10	4–11
	11	12/13
	12	14/15

	Übrige	Lu
	13–19	16–22
	20	29(!)
	21–26	23–28
	27–28	30–31
22	7–8	–
	9	7
	10	8/9
	11	10/12
	12	13
	13	14/16
	14–17	17–20
	18	21/22
	19	23/24
	20–22	25–27
	23	28/29
	24–27	30–33
23	10	10/11
	11	12/14
	12	15/16
	13	17
	14	18/19
	15	20
	16	21/23
	17	24
	18	25/26
	19	27/28
	20	29
	21	30/31
	22–27	32–37
24	2	2/3
	3	4/5
	4	6
	5	7/8
	6	9/10
	7	11
	8	12/13
	9	14
	10/11	15
	12–13	16–17
	14	18/19
	15	20/21
	16	22
	17	23/24
	18	–
	19	25/26
	20	27
	21	28/29
	22	30/31
	23	32/33
	24	–
	25	34/35
	26–30	36–40
	31	41/44
	32	45
	33–34	46–47
25	1	1/2
	2	3/4
	3–6	5–8
	7	9/10
	8–9	11–12
	10	13/14
	11	15/16
	12	–
	13	17/18
	14	19/20
	15–21	21–27
	22	29/28(!)
	23	30/31
	24–26	32–34
26	5	5/7
	6	8
	7	9/10
	8–13	11–16
	14	17/18
	15	19/20
	16–17	21–22
	18	24/23 (!)
	19–27	–
	28	25/27
	29	28
27	2	2/3
	3–16	4–17
	17	18/19
	18	20
	19/21	21/24
	22–30	25–33
28	6	6/7
	7	8/9
	8/9	10/11
	10–13	12–15
	14	16/17
	15	18/19
	16–23	20–27
	24/25	28/29
	26	30
29	5	5/6
	6	7/9
	7–12	10–15
	13	17/16(!)
	14	18/19
	15	20/21
	16–17	22–23
	18	24/25
	19–22	26–29
	23/24	30/31
	25/26	32/33
	27–28	34–35
30	19	19/20
	20–22	21–23
	23	24/25
	24–25	26–27
31	12	12/13
	13	14/15
	14	16/17
	15–19	18–22
	20	24/23(!)
	21	25
	22	26/27
	23–26	28–31

	Übrige	Lu
	27	32/34
	28–29	35–36
	30	37/38
	31	39/40
32	1	1/2
	2	3
	3	4/5
	4–5	6–7
	6	8/9
	7/8	10/12
	9–10	13–14
	11/12	15/16
	13–17	17–21
	18	22/23
	19–20	24–25
	21/22	26
	23–24	27–28
33	13	13/14
	14–15	15–16
	16/17	17
	32/33	32
36	13/16	13
	17–20	14–17
	21/22	18/19
	23–31	20–28
37	6	6/7
	7–10	8–11
	11	12/14
	12	15/16
	13–16	17–20
	17/18	21
	19–31	22–34
38	17	17/18
	18–19	19–20
	20/21	21/22
	22–27	23–28
	28	29/31
	29	32
	30	33/34
	31	35
	32a	36
	32b/33a	37
	33b	38
	33c/34a	39
	34b	39,1a
39	4	4/5
	5	6/7
	6	8/9
	7–8	10–11
	9	12/13
	10–13	14–17
	14	18/19
	15–27	20–32
	28	33/34
	29–35	35–41
40	26	26/27
	27–28	28–29
	29	30/31
	30	32
41	1	1/2
	2	3/4
	3/4	5/7
	5–13	8–16
	14/15	17
	16	18/19
	17	20
	18/21	21/26
	22	27/28
42	18	18/19
	19/20	20
	21	21/22
	22–24	23–25
	25	26/43,1a
43	8/9	8/10
	10–12	11–13
	13/14	14/15
	15	16
	16/17	16/19
	18–24	20–26
	25/26	27/28
	27–29	29–31
	30	32/34
	31–33	35–37
44	10/11	10
	12/13	11/12
	14	13
	15	14/15
	16	16
	17	17/18
	18–20	19–21
	21	22/23
	22/23a	24
	23b	25
	23c	26
45	5	5/6
	6	7
	7	8/9
	8–9	10–11
	10/11	12/13
	12	14
	13	15/16
	14	17
	15	18/19
	16–18	20–22
	19	23/24
	20–22	25–27
	23	28/29
	24	30
	25/26	31/32
46	1	1/2
	2–5	3–6
	6	7/8
	7–11	9–13
	12	14/15
	13–20	16–23

	Übrige	Lu		Übrige	Lu		Übrige	Lu
47	4	4/5		15	16/17	**51**	1	1/2
	5–7	6–8		16–19	18–21		2/3	3/5
	8	9/10		20	22/23		4/6	6/8
	9–14	11–16		21–25	24–28		7	9/10
	15/16	17					8	11/12
	17	18	**49**	1	1/2		9–11	13–15
	18	19/20		2–3	3–4		12	16/17
	19/20	21/22		4/5	5/7		13–14	18–19
	21	23		6–14	8–16		15	20/21
	22	24/25		15	17/18		16/17	22/23
	23	26/28		16	19/20		18	24
	24	29/30					19	25/27
	25	31	**50**	9/10	9/11		20–30	28–38
				11	12			
48	11	11/12		12	13/14			
	12–14	13–15		13–29	15–31			

Baruch
(Kap 6 = Brief Jeremias)

6	–	1
	1–72	2–73

Daniel/Zusätze

Susanna und Daniel

Verszählung übereinstimmend 1–64
Kapitelbezeichnung:

EÜ	*GN*	*Lu*
13	B	1

Gebet Asarjas, Lobgesang im Feuerofen

3,24	A,1	–
3,25–90	A,2–67	3,1–66

Bel und der Drache

14,1/2	C,1/2	2,1
14,3–42	C,3–42	2,2–41